Georg Henrik von Wright
Wissenschaft und Vernunft

Akademische Reden und Beiträge [1]

Schriftenreihe der
Westfälischen Wilhelms-Universität Münster

Wissenschaft und Vernunft

Georg Henrik von Wright

Reden anläßlich der Verleihung des
Forschungspreises der Alexander von Humboldt-Stiftung
für ausländische Geisteswissenschaftler
an Professor Georg Henrik von Wright
am 26. November 1986
in der Westfälischen Wilhelms-Universität Münster

Regensberg & Biermann

CIP-Titelaufnahme der Deutschen Bibliothek

Wright, Georg Henrik von:

Wissenschaft und Vernunft: Reden anlässl. d. Verleihung
d. Forschungspreises d. Alexander von Humboldt-Stiftung
für ausländ. Geisteswiss. an Prof. Georg Henrik von Wright
am 26. November 1986 in d. Westfäl. Wilhelms-Univ. Münster /
Georg Henrik von Wright. - Münster: Regensberg u. Biermann, 1988

(Akademische Reden und Beiträge / Westfälische
Wilhelms-Universität Münster; 1)
ISBN 3-924469-24-5

NE: Universität ‹Münster, Westfalen› : Akademische Reden und ...

Umschlaggestaltung: G. Espendiller
Satz und Druck: Westfälische Wilhelms-Universität Münster
Printed in Germany

ISBN 3-924469-24-5

INHALTSVERZEICHNIS

GRUSSWORT DES REKTORS DER WESTFÄLISCHEN WILHELMS-UNIVERSITÄT MÜNSTER

PROF. DR. HANS-UWE ERICHSEN

Verehrte festliche Versammlung!

Im Namen der Westfälischen Wilhelms-Universität und der Alexander von Humboldt-Stiftung habe ich die Ehre und Freude, Sie heute hier in der Aula der Universität zur Übergabe des Forschungspreises der Alexander von Humboldt-Stiftung zu begrüßen. Dieser Forschungspreis wird ausländischen Wissenschaftlern verliehen, die sich durch weltweit anerkannte Forschungsarbeiten ausgewiesen haben. Unser Gruß gilt deshalb zunächst und in erster Linie Ihnen, sehr geehrter Herr Professor von Wright, der Sie als Preisträger im Mittelpunkt dieser heutigen Feierstunde stehen. Ich darf Sie und auch Ihre sehr verehrte Frau Gemahlin herzlich in unserer Mitte begrüßen. Mein besonderer Willkommensgruß gilt ferner dem Generalsekretär der Alexander von Humboldt-Stiftung, Herrn Dr. Pfeiffer, der dem Preisträger heute die Verleihungsurkunde überreichen wird. Wir freuen uns sehr, Herr Dr. Pfeiffer, daß Sie es haben ermöglichen können, heute zu uns zu kommen und diesen solemnen Akt vorzunehmen. Unsere Universität erblickt in der Tatsache, daß dieser Forschungspreis im feierlichen Rahmen hier und nicht, wie üblich, in Bonn übergeben wird, auch eine Anerkennung und Würdigung der sehr fruchtbaren und engen Zusammenarbeit, die zwischen der Alexander von Humboldt-Stiftung und der Westfälischen Wilhelms-Universität besteht. Sie weist nicht nur eine seit langen Jahren wissenschaftlich höchst erfreuliche Bilanz auf, sondern hat auch dazu geführt, daß wir heute mit dem Alexander von Humboldt-Haus über ein von ausländischen Wissenschaftlern viel gefragtes Gästehaus verfügen.

Ferner begrüße ich den Präsidenten der Internationalen Vereinigung für Rechts- und Sozialphilosophie, Herrn Prof. Dr. Aulis Aarnio, Universität Helsinki, der heute morgen die Laudatio auf den Preisträger halten wird.

Es bedarf, Herr Aarnio, nicht der rühmenden Hervorhebung der Verdienste um die rechtswissenschaftliche und philosophische Grundlagenforschung, die sich ihre Vereinigung mit zahlreichen Landessektionen, darunter auch je eine in der Bundesrepublik Deutschland und in der Deutschen Demokratischen Republik, in der ganzen Welt erworben hat.

Es ist sicherlich nicht unbescheiden, wenn ich daran erinnere, daß es auch hier in Münster eine sehr aktive Westfälische Sektion der IVR gibt, die über lange Zeit hinweg von dem von mir sehr verehrten Hans Julius Wolff betreut worden ist und die heute von Herrn Kollegen Achterberg, den ich ebenfalls sehr herzlich in unserer Mitte begrüßen darf, geleitet wird.

Einen herzlichen Willkommensgruß entbiete ich Ihnen, Exzellenz, der Sie als Botschafter Finnlands heute den Weg zu uns gefunden haben trotz aller Schwierigkeiten terminlicher Art, die gerade mit einem Amt wie dem Ihren immer verbunden sind. Begrüßen darf ich darüber hinaus alle Repräsentanten aus der Stadt Münster und dem Münsterland. Ich bitte um Nachsicht, daß ich Sie nicht alle namentlich ansprechen kann. Stellvertretend darf ich Herrn Bürgermeister Reuter in unserer Mitte willkommen heißen. Ferner begrüße ich sehr herzlich die Herren Dekane und Hochschullehrer der beteiligten bzw. fachlich nahestehenden Fakultäten sowie deren Mitarbeiter und Studierende. Mein Gruß gilt schließlichlich – last not least – den Freunden und Förderern dieser Universität.

Warum erfolgt die Übergabe des Forschungspreises für ausländische Geisteswissenschaftler, den die Alexander von Humboldt-Stiftung Ihnen, sehr verehrter Herr von Wright, zuerkannt hat, gerade hier an der Universität Münster? Ich möchte Herrn Kollegen Krawietz, der dazu gleich noch einige Ausführungen machen wird, nicht vorgreifen, darf jedoch zwei kurze Bemerkungen machen:

Unsere Universität weiß die bahnbrechenden Erkenntnisse, durch die Sie, sehr verehrter Herr von Wright, seit den 50er Jahren vor allem auf dem Gebiet der Normenlogik bzw. der Deontischen Logik, aber auch der Sprachphilosophie hervorgetreten sind, besonders zu würdigen. Sie hat zu den von Ihnen betriebenen logischen und philosophischen Forschungen durch ihr hiesiges Institut für Mathematische Logik und Grundlagenforschung eine sehr enge Beziehung. Dieses Institut, das im Jahre 1943 begründet wurde, verdankt seine Existenz den wissenschaftlichen Aktivitäten des auch im Ausland bekannten Philosophen und Logikers Heinrich Scholz. Sein Münsteraner Lehrstuhl für Philosophie wurde im Jahre 1943 in den ersten deutschen Lehrstuhl für Mathematische Logik und Grundlagenforschung umgewandelt. Darüber hinaus findet das wachsende Interesse an einer Logik der Normen, aber auch an dem Verhältnis von Normen und Werten bzw. Normen und Handeln heute nicht nur bei den Logikern, sondern vor allem auch bei den Juristen und hier insbesondere bei den Rechtsphilosophen, aber auch bei den Moralphilosophen seinen gesteigerten Ausdruck. Zu den Mitgliedern dieser Universität zählt neben einer Reihe von Wissenschaftlern der verschiedensten Fachbereiche, die sich mit Ihrem Werk auseinandergesetzt haben, Herr Kollege Meggle, der Ihre logischen Untersuchungen zum Verhältnis von Norm und Handlung in sehr kompetenter Weise übersetzt hat, so daß sie – wie übrigens auch eine ganze Reihe Ihrer sonstigen Werke – heute in deutscher Sprache vorliegen. Es kommen schließlich, verehrter Herr von Wright, Ihre bis in mein Geburtsjahr zurückreichenden Beziehungen zu Westfalen hinzu. Dies alles führt dazu, daß die Westfälische Wilhelms-Universität sich berufen fühlte, die heutige Preisverleihung an Sie auszurichten.

RECHT UND RATIONALITÄT
HOMMAGE À GEORG HENRIK VON WRIGHT

VON WERNER KRAWIETZ, MÜNSTER

Sehr verehrter Herr Professor von Wright!

Magnifizenz Erichsen hat soeben sehr treffend auf eine Reihe von Gründen hingewiesen, die für unsere Universität Anlaß bieten, Sie in dieser Form zu ehren.

Ich kann und möchte der Laudatio von Herrn Kollegen Aarnio selbstverständlich nichts vorwegnehmen.

Vermutlich könnte jeder der hier anwesenden Kollegen ganz unterschiedlicher Disziplinen für seine jeweilige Fachrichtung aus seiner Perspektive ganz andere und neue Gründe hinzufügen, die ihm an Ihrem vielschichtigen Werk beachtenswert erscheinen.

Ich darf mir erlauben, aus meiner Sicht auf *drei Gründe* hinzuweisen, welche die deutsch-finnischen Kontakte zwischen unserer Universität und Herrn Professor von Wright betreffen und Sie, meine sehr verehrten Damen und Herren, werden sogleich erkennen, daß der Preisträger und Herr Kollege Aarnio an dem hohen Entwicklungsstand dieser Beziehungen einen wesentlichen Anteil haben:

1. Die heute bestehenden deutsch-finnischen Kontakte, die an unserer Universität oder genauer in unserer Rechtswissenschaftlichen Fakultät seit mehr als einem Jahrzehnt von verschiedenen Lehrstühlen gepflegt werden, existieren ohne einen formellen Partnerschaftsvertrag oder ähnliches. Diese Beziehungen

haben sich längst bis zum Austausch von Postgraduierten, zur Förderung von Forschungen von gemeinsamem Interesse, wie beispielsweise Doktorarbeiten über skandinavische, insbesondere finnische Rechtstheorie, zu wechselseitigen Vortragsveranstaltungen an den Universitäten Helsinki bzw. Münster bis hin zu gemeinschaftlichen internationalen wissenschaftlichen Symposien verdichtet.

Alle diese Kontakte wurden u. a. ermöglicht durch die bereits von *Magnifizenz Erichsen* erwähnte Westfälische Sektion der IVR und vermittelt durch wissenschaftliche Auseinandersetzungen und Diskussionen in der Zeitschrift *Rechtstheorie,* die hier in Münster am Lehrstuhl für Rechtssoziologie, Rechts- und Sozialphilosophie redigiert wird. Es handelt sich dabei – und genau hier liegt der Bezug zu Ihrem Werk und Wirken, sehr verehrter Herr von Wright! – um eine Zeitschrift für Logik, Methodenlehre, Kybernetik und Soziologie des Rechts, die sich ausweislich ihres internationalen Herausgebergremiums von Anfang an mit dem *Forschungs- und Wissenschaftsprogramm der analytischen Jurisprudenz und Sprachphilosophie* identifizierte bzw. sich damit kritisch auseinandersetzte. Sie selbst haben mit einem in der juristischen und philosophischen Fachwelt vielbeachteten Artikel über „Deontic Logic Revisited“, der 1973 in *Rechtstheorie* erschien, an diesen Auseinandersetzungen teilgenommen.

Übrigens berichtete schon in der ersten Nummer dieser Zeitschrift, die im Jahre 1970 veröffentlicht wurde und zunächst in Länder-Reports über den Entwicklungsstand der einschlägigen Forschungen informierte, Kaarle Makkonen in einem Artikel über den Stand der finnischen Normen- und Rechtstheorie auch über die Arbeiten Georg Henrik von Wrights, die nicht nur die allgemeine Theorie der Normen, sondern mit ihr auch die Handlungstheorie beeinflußt hatten. Ferner machte er darauf aufmerksam, daß damit zugleich auch die Rechtstheorie in Richtung auf eine stärkere Betonung analytisch-logischer, begrifflicher und sprachlicher Analysen hindrängte. Für unsere Redaktionsarbeit war dies richtungweisend.

Es folgten eine Reihe von Internationalen Symposien, die teils von Ihnen selbst initiiert, teils von Herrn Kollegen Aarnio (oder doch unter seiner maßgeblichen Mitwirkung) ins Werk gesetzt wurden: und zwar 1979 in Helsinki und Graz, 1981 in Salzburg und 1985 in Buenos Aires, um nur die wichtigsten zu nennen. Sie alle wurden in der Zeitschrift *Rechtstheorie* bzw. in deren Beiheften dokumentiert.

Auch seither ist die Diskussion um den theoretischen und praktischen Stellenwert der Normenlogik bzw. der Deontischen Logik, als deren geistiger Schöpfer Sie, verehrter Herr von Wright, gelten können, im Rechtsdenken der Gegenwart nicht zum Stillstand gelangt. Dieser Stellenwert kann, einer neueren Deutung von Wrights folgend, erblickt werden in der „Sammlung von Regeln, die eine jede Normgebung befolgen muß, um als *vernünftig* angesehen werden zu können“.

Unter den gegebenen Umständen war es kein Zufall, daß der Gedanke, Sie, verehrter Herr von Wright, wegen Ihrer schöpferischen Leistungen und Verdienste um die *Entwicklung der Normen-und Rechtstheorie* zu ehren, zuerst in einem Kreis von Autoren dieser Zeitschrift auftauchte, begeistert aufgegriffen und verfolgt wurde. Der Forschungspreis für ausländische Geisteswissenschaftler, den die Alexander von Humboldt-Stiftung Ihnen verliehen hat und der Ihnen, lieber Herr von Wright, heute und hier übergeben wird, ist insofern ein wirklich internationaler Preis für einen international herausragenden Gelehrten.

2. Der XI. Weltkongreß der Internationalen Vereinigung für Rechts- und Sozialphilosophie, der unter Ihrer Schirmherrschaft

1983 in Helsinki stattfand, hat gezeigt, über welche hohe wissenschaftliche und, ich möchte sagen, auch moralische Autorität Sie verfügen. Ihr maßgebender Eröffnungsvortrag über „Is and Ought", den Sie in der Finnlandia Hall hielten, ist allen, die dabei waren, in lebhafter Erinnerung. Sie dürfen sich aber auch glücklich schätzen, daß hinter Ihnen, wie ich hier vielleicht erwähnen darf, auf Ihren Arbeitsgebieten bereits eine ganze Generation von finnischen Wissenschaftlern und Philosophen steht, die heute in der Welt der Wissenschaft ein wichtiges Wort mitreden.

3. Ich überbringe Ihnen hier auch die Glückwünsche und Grüße unserer Westfälischen Sektion der IVR, Sitz Münster, die sich – mit Rektor und Universität – über die Verleihung des Forschungspreises an Sie, verehrter Herr von Wright, freut. Ich tue dies zugleich im Namen und Auftrag des Vorsitzenden unserer Sektion, Herrn Kollegen Achterberg, der mich gebeten hat, dies mit zu übernehmen, um die Präliminiarien ein wenig abzukürzen.

Gerade vom Standpunkt der Rechts- und Sozialphilosophie wie der Moralphilosophie sollte ein ganz wichtiger und weiterer Teil Ihres Werks hier nicht unerwähnt bleiben, für den wir Ihnen, wie ich meine, großen Dank schulden, nämlich Ihre Arbeiten über Ludwig Wittgenstein. Vielleicht kann die Eigenart eines regelgeleiteten menschlichen Handelns, um die es nicht nur dem Recht und der Rechtswissenschaft, sondern auch der Rechtssoziologie und der Rechtsphilosophie zu tun ist, sehr viel leichter als bisher im Anschluß an Wittgensteins „Philosophische Untersuchungen" gedeutet werden, wo es heißt: „Einer Regel folgen, eine Mitteilung machen, einen Befehl geben, eine Schachpartie spielen sind *Gepflogenheiten* (Gebräuche, Institutionen)."

Aus Wittgensteins wie aus Ihren Überlegungen, Herr von Wright, ergibt sich in der Tat gerade heute für den Normen- und Rechtstheoretiker die *Frage, was es wirklich heißt, einer institutio-*

nalisierten Rechtsregel folgen. Diese Frage ist praktisch wie theoretisch von zentralem Belang. Genau hier liegt, wenn ich recht sehe, auch der Einstiegspunkt für bislang noch unausgelotete Möglichkeiten der Zusammenarbeit mit einer soziologischen Theorie der Institutionen und des Rechts sowie einer Theorie sozialer Systeme und des Rechtssystems.

Erlauben Sie mir zum Schluß, neben diesen drei Punkten, noch eine persönliche Bemerkung:

Es geschieht nicht oft im Leben von Universitäten und ihren Fakultäten mit den diversen Wissenschaftszweigen, daß ein Wissenschaftler von Rang und Namen, wie groß seine wissenschaftliche Reputation als Forscherpersönlichkeit auch sein und wie weit sein nationales und internationales Prestige demzufolge auch reichen mag, *durch sein Werk und durch sein Wirken* die etablierten Fächergrenzen sprengt, die bislang als gesichert erscheinenden Grundlagenvorstellungen aufbricht und durch einen revolutionären Akt geistiger Neuschöpfung das bisherige Landschaftsbild der Wissenschaft wie der Philosophie tiefgreifend verändert und auf eine neue Grundlage stellt. Genau dies ist durch Ihre logischen und philosophischen Pionierleistungen bewirkt worden. Dafür gebührt Ihnen, verehrter, lieber Herr von Wright, dieser Forschungspreis.

AM WANDERSTAB DES ZWEIFELS LAUDATIO AUF PROF. DR. DR. H. C. MULT. GEORG HENRIK VON WRIGHT

VON AULIS AARNIO, HELSINKI

Am 14. Juni 1916 wurde Georg Henrik von Wright in Helsinki geboren. Nach einem Studium der Philosophie an der Universität Helsinki, promovierte er im Jahre 1941 als Schüler des berühmten finnischen Philosophen Eino Kaila. Auch an heutigen Maßstäben gemessen ist seine Dissertation „The Logical Problem of Induction" nach wie vor bemerkenswert und aussagekräftig. Er behandelt darin systematisch und mit Hilfe der modernen symbolischen Logik das von David Hume formulierte Problem der Rechtfertigung der Induktion. Hume selbst stand der Möglichkeit einer Rechtfertigung bekanntlich skeptisch gegenüber. Von Wright stellt diesen Skeptizismus auf die Probe und zeigt, daß sich die Frage der Rechtfertigung klären läßt, indem die Erwartungen an die Definition der Rechtfertigung überprüft werden. Er gibt sich jedoch nicht einfach damit zufrieden, frühere Antworten kritisch zu betrachten, sondern stellt auch seine eigenen konstruktiven Vorschläge zur Entwicklung der Logik der Induktion vor.

In seinem Werk „A Treatise on Induction and Probability", das zehn Jahre später erschien, setzte von Wright die Entwicklung der Induktionslogik anhand der Begriffe der notwendigen und hinreichenden Bedingungen fort. Auf dieses Werk wurde oft als auf den bisher bedeutendsten Versuch verwiesen, die von Francis Bacon und John Stuart Mill verteidigte Induktionstheorie weiterzuentwickeln. Unbestritten jedenfalls ist, daß die Werke von Wrights der finnischen Induktionsforschung den internationalen Durchbruch verschafften. Auf dieser Grundlage hat unter anderem Jaakko Hintikka seine Induktionsforschung ausgeübt.

Auch sonst war das Jahr 1951 von großer Bedeutung für die philosophische Laufbahn von Wrights. In jenem Jahr veröffentlichte er in der Zeitschrift „Mind“ seinen Artikel „Deontic Logic“ sowie das Werk „An Essay in Modal Logic“, womit er sich auf das Gebiet der intensionalen Logik begab. Außer für das Mögliche und das Notwendige (Modallogik) interessierte er sich nun auch für das Sollen und das Dürfen, mit anderen Worten, für die Probleme der Pflicht und der Erlaubnis, die unter die deontische Logik fallen. Später wurden diese Themen zu einem zentralen Teil der analytischen Philosophie – Grund genug, von Wright den Vater der deontischen Logik zu nennen.

Der nächste Schritt in dieser Entwicklung war der Übergang zur eigentlichen Logik der Normen und zu den philosophischen Problemen, die mit Normen verbunden sind. Hier sollen nur die Fragen nach der Existenz von Normen und der Wahrheit der normativen Sätze erwähnt werden. An der St. Andrews Universität in Schottland hielt von Wright eine Reihe von Vorlesungen zu diesen Themen. Auf der Grundlage dieser Vorlesungen wurde im Jahre 1963 das Werk „Norm and Action“ veröffentlicht, das einen Wendepunkt in der deontischen Logik darstellt und noch heute als grundlegend auf seinem Gebiet bezeichnet werden kann. In „The Varieties of Goodness“, ebenfalls 1963 erschienen, analysierte er wiederum den Begriff des Guten aus der Sicht der Werttheorie. Auch dieses Werk kann weiterhin zu den bemerkenswertesten gedanklichen Leistungen seiner Art gezählt werden.

Die Fragestellungen der deontischen Logik hängen von Natur aus mit der Problematik des Handelns zusammen. Daher ist es keine Überraschung, daß der nächste Meilenstein der wissenschaftlichen Laufbahn von Wrights gerade auf dem Gebiet der Theorie des Handelns liegt. Neben einigen anderen Analysen deutete „An Essay in Deontic Logic and the General Theory of Action“ aus dem Jahr 1968 die Thematik des im Jahre 1971 veröffentlichten Werkes „Explanation and Understanding“ an.

Mit dem zuletztgenannten begann von Wright, die Logik des intentionalen Handelns zu analysieren. Sein Interesse richtete sich auf die damals heftige Diskussion über den Unterschied zwischen den Naturwissenschaften und den Geisteswissenschaften. In den Naturwissenschaften gilt das Modell kausaler Deutung, nach dem das zu erörternde Ereignis einem allgemeinen Kausalgesetz unterzuordnen ist. Die exakte Formulierung dieses Modells stammt bekanntlich von Carl Hempel, weshalb es auch oft einfach das Hempelsche Modell genannt wird. Von Wright betont, daß sich die Geisteswissenschaften diesem Deutungsmodell entziehen. Ihr Forschungsgegenstand ist das intentionale menschliche Handeln. Mit seinem Hinweis darauf stellt von Wright eine These vor, laut der – anstelle des Hempelschen Modells – der sogenannte praktische Syllogismus das zentrale Verständnismodell der Geisteswissenschaften und der Gesellschaftswissenschaften bildet. Diese Wissenschaften erklären das menschliche Handeln nicht etwa kausal, sondern sie versuchen, es anhand der Motive des Handelnden verständlich zu machen. Dabei ist eine solche, das Verständnis betonende Deutung nicht etwa nur eine Zwischenstation auf dem Weg zu einer vollständigeren, sozusagen endgültigen kausalen Deutung. Es handelt sich hier nicht um einen Unterschied des Grades, sondern der Art. Demzufolge hat sowohl die Methodologie der Geisteswissenschaften als auch die der Gesellschaftswissenschaften ihre besondere Eigenart.

Diesen Themenkreis hat von Wright auch später oft in seiner

Arbeit behandelt. Er beschäftigte sich unter anderem mit der Problematik des Determinismus, insbesondere mit der Frage, was der Determinismus für das menschliche Handeln aussagen könnte. In diesem Zusammenhang nenne ich nur seine ausgezeichnete Analyse in dem 1974 erschienenen Werk „Causality and Determinism" und möchte dabei auch auf die außergewöhnlich schöne Verwendung der englischen Sprache hinweisen. Dasselbe feine und sichere Stilgefühl, verbunden mit der Genauigkeit des Ausdrucks, prägt zwar auch die anderen Werke von Wrights, aber die sprachliche Schönheit von „Causality and Determinism" hat mich persönlich immer besonders fasziniert. Auch sein belletristischer Wert ist sehr hoch einzuschätzen.

Das Vorhergehende stellt natürlich nur einen kurzen Umriß von Georg Henrik von Wrights Beitrag zur internationalen philosophischen Diskussion dar, aber wir müssen uns hier damit zufriedengeben. Dagegen darf nicht unerwähnt bleiben, wie wichtig von Wrights Rolle in der Bewahrung, Ordnung und Veröffentlichung des philosophischen Nachlasses von Ludwig Wittgenstein ist. Nachdem er selbst schon seit 1939 dem Unterricht Wittgensteins an der Universität Cambridge beigewohnt hatte, wurde er schließlich sein Vertrauter und ein enger Freund.

Aufgrund seiner philosophischen Verdienste wurde von Wright 1948 zum Nachfolger Wittgensteins als Professor für Philosophie an der Universität Cambridge ernannt. Dort blieb er bis 1951 und kehrte dann nach Finnland zurück, wo ihm schon im Jahre 1946 die schwedischsprachige Professur für Philosophie an der Universität Helsinki verliehen worden war. Dieses Amt hatte er inne, bis er im Jahre 1961 zum Mitglied der Finnischen Akademie ernannt wurde.

Das Ordnen des philosophischen Nachlasses von Wittgenstein und die Vorbereitungen für dessen Veröffentlichung haben einen immensen Arbeitsaufwand gefordert und sind zum Teil immer noch nicht abgeschlossen. Die philosophische Welt weiß die Bedeutung dieser Arbeit zu schätzen, die von Wright zusammen u. a. mit G. E. M. Anscombe durchgeführt hat, denn ohne sie wären die Gedanken von Ludwig Wittgenstein größtenteils der Nachwelt vorenthalten geblieben. In diesem Zusammenhang muß erwähnt werden, daß sich Finnland – verglichen mit vielen anderen kleinen Sprachgebieten – insofern in einer Ausnahmestellung befindet als praktisch die gesamte wichtigste Produktion Wittgensteins auch auf Finnisch erschienen ist, übersetzt von Heikki Nyman, einem hoch angesehenen Assistenten von Wrights. Auf der anderen Seite dürfen die acht der Erinnerung Wittgensteins gewidmeten Aufsätze nicht außer acht gelassen werden, die 1982 unter dem Titel „Wittgenstein“ veröffentlicht wurden. Diese Sammlung in englischer Sprache gibt ein kompaktes, tief durchdachtes Bild von den Gedanken eines der größten Philosophen unseres Jahrhunderts und veranschaulicht gleichzeitig die Größe der Arbeit, die unter der Leitung von Wrights für den Nachlaß von Wittgenstein aufgewandt wurde.

Von Wrights Vielseitigkeit als Denker betonen auch die zahlreichen, nur im nordischen Sprachraum erschienenen Veröffentlichungen. Ich verweise hier auf zwei Lehrbücher der Philosophie, die einen starken Einfluß auf die finnische Denkweise ausgeübt haben, nämlich „Den logiska empirismen“ aus dem Jahr 1946 und „Logik, filosofi och språk“, das erstmals 1957 erschien. Beide Werke wurden aus dem Schwedischen auch ins Finnische übersetzt. Das erstgenannte stellt die zentralen Thesen des logischen Empirismus vor, das letztere kann als eine der brillantesten Einleitungen in die analytische Philosophie bezeichnet werden, die jemals erschienen sind. Es sei mir erlaubt, in diesem Zusammenhang als persönliche Erfahrung zu erwähnen, daß diese zwei

Werke Ende der fünfziger Jahre bei mir, einem jungen Studenten der Rechtswissenschaft, das Interesse für die Philosophie geweckt haben – bei mir, wie bei vielen anderen auch. Als Vertreter der finnischen Gelehrtenschaft kann ich deshalb auch in diesem Zusammenhang unserem Lehrer, Georg Henrik von Wright, für die unermeßlichen geistigen Anregungen danken.

Auch ein anderer Aspekt der philosophischen Persönlichkeit von Wrights ist der internationalen Leserschaft nicht zuteil geworden. Ich denke hier an die zahlreichen, stilvollendeten und sachkundigen Aufsätze, die er im Laufe der Jahre auf ideengeschichtlichen und kulturellen Gebieten verfaßt hat. Seine Essays über Werner Jaeger, Arnold Toynbee, Oswald Spengler, genau so wie seine eleganten und tiefsinnigen Aufsätze über Fjodor Dostojewskij und Leo Tolstoij gehören zur Krone der finnischen Essayistik. Sie waren schon in der 1955 erschienenen Anthologie „Ajatus ja julistus", zu deutsch etwa: „Gedanke und Manifestation", enthalten. Später hat sich von Wright viel mit dem Problem der modernen Technologie auseinandergesetzt, insbesondere mit den verhängnisvollen Auswirkungen, die der sogenannte technische Imperativ auf die Existenz der Menschheit hat. Diese Thematik wird unter anderem in der Essaysammlung „Humanismi elämänasenteena" – „Humanismus als Lebenseinstellung" – aus dem Jahr 1978 behandelt. Im vergangenen Jahr ist eine ebenfalls bemerkenswerte Anthologie mit Schriften von Wrights unter dem Titel „Filosofisia tutkielmia" – „Philosophische Aufsätze" – in finnischer Sprache erschienen. Für seine philosophischen Verdienste hat von Wright auch eine außergewöhnliche Anerkennung erhalten: in der berühmten Reihe „Library of Living Philosophy" wird nämlich ein Werk über seine Philosophie veröffentlicht – eine Auszeichnung, der oft der Stellenwert eines Nobel-Preises für Philosophie beigemessen wurde. Dies ist besonders bemerkenswert, da von Wright diese Auszeichnung schon während seines schöpferischen Wirkens zuteil wurde.

Bevor ich mit einigen Worten auf die philosophische Persönlichkeit Georg Henrik von Wrights eingehe, möchte ich Sie, verehrte Zuhörer, an die hochwertige Arbeit erinnern, die er für die internationalen Organisationen seines Faches geleistet hat. Ich erwähne hier nur seine Tätigkeit als Präsident der International Union of History and Philosophy in den Jahren 1963–65 sowie des Institut International de Philosophie von 1975–78. Darüber hinaus ist er Ehrenmitglied mehrerer wissenschaftlicher Gesellschaften und Akademien. Neben seiner lehrenden Tätigkeit in Cambridge und Helsinki gastierte von Wright auch als Professor unter anderem in Cornell, Los Angeles – an der University of California –, in Pittsburgh und Karlsruhe. Für seine Verdienste als Wissenschaftler und Lehrer wurde Georg Henrik von Wright die Ehrendoktorwürde der Universitäten Helsinki, Liverpool, Lund, Tampere und Turku – hier sogar in zwei verschiedenen Fakultäten – verliehen. Ferner wurde er am Saint Olaf College (Northfield, Minnesota) mit der Ehrendoktorwürde ausgezeichnet. Wir haben also heute die Ehre, einem Höhepunkt seiner außergewöhnlich vielseitigen wissenschaftlichen Laufbahn beiwohnen zu dürfen.

Wie ist nun die philosophische Arbeit von Wrights allgemein zu beschreiben? Ich kann in der mir zugemessenen Zeit nur versuchen, dieser Aufgabe gerecht zu werden, indem ich seine eigenen Ideen über den Charakter und die Aufgaben der Philosophie zu Rate ziehe. Diese werden auf eine besonders schöne Art und Weise anschaulich in seinem Artikel „Filosofi tarkastelee filosofiaa“ – zu deutsch etwa „Ein Philosoph betrachtet die Philosophie“ –, der im Jahr 1983 im Jahrbuch „Ajatus“ – „Der Gedanke“ – des Finnischen Philosophischen Vereins auch auf Schwedisch erschienen ist. Eine sehr wichtige Rolle in der Philosophie von Wrights spielt sein Interesse an der Sprache und deren Verwendung. Hier macht sich das gedankliche Erbe Ludwig Wittgensteins deutlich bemerkbar. Ein Philosoph kann das Entblößen der Tiefenstrukturen der Sprache zu seiner Aufgabe machen oder, um mit von Wright zu reden, solche Bedeutungsinhalte rekonstruieren, die dem „bloßen Auge“ unsichtbar sind. Gerade darin hat von Wright selbst in einer bestimmten Phase seines Wirkens den Charakter und die Aufgabe der Philosophie gesehen. Demnach kann die Philosophie anderen Wissenschaften helfen, indem sie aufzeigt, was sich schließlich hinter der Sprache verbirgt. Dies ist jedoch nicht ganz unproblematisch, wenngleich sich diese Aufgabe geradezu anzubieten scheint. Es muß hier nämlich vorausgesetzt werden, daß hinter der Sprache tatsächlich etwas ist, was sich mit philosophischen Mitteln aufs Neue herstellen läßt. Aber wie können wir sicher sein, daß die Tiefenstrukturen der Sprache ausgerechnet so sind, wie sie der Philosoph darstellt? Uns stehen hierfür keine Meßverfahren zur Verfügung.

Die Sprache bietet uns jedoch ein sozusagen indirektes Mittel zum Abwägen der Vorschläge des Philosophen. Die alltägliche Sprache ist zwar reich an Ausdrücken, aber sie ist auch in vielen Hinsichten ein sehr unvollkommenes Mittel. Bildlich gesprochen gibt es in der Sprache undurchsichtige Gebiete, aber auch Risse, gewissermaßen Leckstellen. Trotz ihrer Begrenztheit signalisiert die Sprache aber, wann ein Lösungsvorschlag des Philosophen mit unseren sprachlichen Praktiken nicht übereinstimmt. Die Vorschläge des Philosophen dürfen nicht gegen die Sprache verstoßen. Von Wright sieht hierin nicht nur den eben erwähnten indirekten Indikator, sondern auch einen Weg, der zur Erkenntnis des Charakters der Philosophie führen kann. Es ist nicht die Aufgabe des Philosophen, nach unter der sprachlichen Oberfläche versteckten Bedeutungen zu suchen und sie zu beschreiben. Vielmehr hat er Neues zu erdenken, schöpferisch tätig zu werden. Der Philosoph füllt gewissermaßen mit Hilfe seiner Intuition die Risse, die die Sprache von Natur aus enthält. Aus dieser besonderen Sicht ist also die Arbeit des Philosophen in demselben Sinne kreativ wie zum Beispiel die eines Mathematikers, wenn dieser durch seine Intuition einen Beweis aufstellt. Je sensibler und größer die Fähigkeit des Philosophen ist, sprachliche Bedeutungszusammenhänge zu erkennen, desto erfolgreicher kann er seine Aufgabe erfüllen. Dies ist nicht nur von theoretischem Interesse, sondern – so überraschend es auch klingen mag – auch von großem praktischem Wert. Von Wright selbst verweist auf zwei Beispielbereiche. Die Moralphilosophie hat sich traditionell mit folgenden Fragen auseinandergesetzt: Mit welcher Begründung ist eine menschliche Tat zu loben oder zu bemängeln? Was gibt uns die Berechtigung, einen Menschen gut oder böse zu nennen? Und: Wie können wir sicher sein, ob eine Handlung in einer bestimmten Situation angebracht ist? Unsere Urteile stützen sich oft auf Begriffe an der Oberfläche der Sprache. Die Aufgabe des Philosophen ist es, den moralischen Sprachgebrauch zu verbessern. „Die moralische Beurteilung von Taten beeinflußt wiederum unsere Erwartungen und Forderungen an unsere Mitmenschen sowie auch unsere Einstellung zu Fragen der Erziehung und dem Sinn von Strafen", schreibt von Wright. In diesem Sinne hat das Streben nach Klarheit in den Grundfragen der Moral und Ethik ein praktisches Ziel. Dies gilt auch für unsere gesellschaftlichen Begriffe und die Verwaltung gesellschaftlicher Interessen. Laut von Wright suchen Termini, wie „Demokratie" und „Gerechtigkeit", „Legalität" und „Gewalt/Macht", nach ihrer Bedeutung in der Sprache. „Wörtern einen Inhalt zu verleihen oder ihren Sinn zu klären sowie ihre inneren Bedeutungsverhältnisse zu erkennnen, trägt also zu einem besseren Verständnis unserer Position als gesellschaftliche Wesen bei.“

Die Tiefenstrukturen der Sprache sind also demnach nicht nur Sprache im üblichen, oberflächlichen Sinne des Wortes. Sie sind tief verwurzelt in unseren Taten und Werken, in der gesamten Lebenswirklichkeit, die uns umgibt. In diesem Zusammenhang erinnern mich die Gedanken von Wrights an einen berühmten Satz, der auch bei Wittgenstein zu finden ist: Am Anfang war die Tat. Die Analyse der Sprache heißt nicht allein, sprachliche Ausdrücke als solche zu betrachten, sondern vielmehr sprachliche Gebräuche und dadurch Taten zu untersuchen.

Georg Henrik von Wright hat nicht nur über die Verbindungen zwischen Sprache und Wirklichkeit, über die Sprache als Teil der Lebenswirklichkeit, gesprochen und geschrieben. Er hat auch so gelebt, wie er es uns gelehrt hat. Er hat nicht einfach mit seinen Gedanken am Schreibtisch des Philosophen gesessen oder von einem Elfenbeinturm aus auf die Welt hinabgesehen. Ungezählt sind seine weisen Äußerungen über Krieg und Frieden, über den Schatten der Kernkatastrophe, der drohend über der Menschheit hängt, über die Abarten unserer Technokultur, über Moral und Gerechtigkeit, Macht und Verantwortung. Zielstrebig und mutvoll ist er seinerzeit als erster Intellektueller in Finnland, in der Tat in den gesamten Nordischen Ländern, gegen den Vietnam-Krieg und die Einmischung der Vereinigten Staaten in die inneren Angelegenheiten Vietnams aufgetreten. Genauso konsequent hat er sich an Märschen für eine atomwaffenfreie Welt beteiligt und an Diktatoren appelliert, Menschen freizulassen, die sie in Fesseln hielten. Diese Worte, diese Taten atmen die Botschaft des Philosophen, seine Fähigkeit, durch Erwartungen, Glaubensvorstellungen, Behauptungen und Forderungen hindurch dorthin zu sehen, wo die Sprache so häufig mißbraucht wird – bewußt oder unbewußt. Der Finger des Philosophen vermag dann darauf zu zeigen, wo die falschen Interpretationen, die das Einvernehmen hemmen, entstehen, auf die Tiefenstrukturen der Sprache.

Jede kürzere Ausführung, wie auch diese, ist auf dieselbe Art und Weise begrenzt, ähnlich wie eine Photographie. Sie kann nur einen momentanen Einblick in ihren Gegenstand bieten und den auch nur aus einer Perspektive. Daher erscheint es mir notwendig, das Vorhergegangene durch eine kurze Bemerkung zu ergänzen. In seinem Aufsatz für Norman Malcolms Werk „Ludwig Wittgenstein. A Memoir“ über das Leben von Wittgenstein schreibt von Wright, frei übersetzt: „Er war sein ganzes Leben lang sozusagen auf der Fahrt. Sein Wanderstab war der Zweifel an allem. Nur selten hat er auf das Erreichte zurückgeschaut, und wenn, dann nur, um sich davon entfernen zu können.“ Diese Worte, die ich vor vielen Jahren an der Wand meines Arbeitszimmer anbrachte, sagen etwas Wichtiges über ihren Verfasser, Georg Henrik von Wright, aus. Ich glaube, er wird mir erlauben, der vorhergegangenen Schilderung seiner Philosophie noch einen Charakterzug hinzuzufügen. Für ihn waren alle, auch die jüngsten Antworten auf gegebene Probleme immer nur vorläufig; sofort nachdem sie gefunden werden, verlangen sie sozusagen nach einer neuen, einer besseren Antwort. Schon in der Zusammenfassung seiner Dissertation schreibt von Wright: „Our contributions have to some extent been in the nature of first sketches which it will be the task of others to work out in fuller detail.“ Es wäre jedoch vollkommen falsch anzunehmen, von Wright würde, indem er dies sagt, seine Lösungsvorschläge nur als oberflächliche und übereilt angefertigte Skizzen verstehen. Dem ist nicht so. In jeder seiner Stellungnahmen dringt er tief in die zentralen Probleme und klassischen Antworten der Philosophie ein. Die Vorläufigkeit besteht in dem peinvollen Bewußtsein, daß auch die beste Antwort etwas offen läßt, daß aber die gelungenen Antworten die Glieder einer Kette bilden, die uns ein Stückchen näher an das Wesen der Dinge führt.

Georg Henrik von Wright ist ein Philosoph im anspruchsvollsten und wahrsten Sinne des Wortes: ein philósophos, ein Freund der Weisheit. Als solcher muß er stets irgendwohin unterwegs sein, denn stehenbleiben bedeutet, die Suche aufgeben, das Gütezeichen des lebendigen Geistes verlieren. Ein Philosoph muß immer eingestehen, daß seine Errungenschaften eher Momentaufnahmen sind als endgültige Wahrheiten. An dieser Stelle möchte ich noch einmal an die Worte Ludwig Wittgensteins erinnern, der in der Einleitung zu seinem Werk „Philosophische Untersuchungen" schrieb, daß „das beste, was ich schreiben konnte, immer nur philosophische Bemerkungen bleiben würden": „Die philosophischen Bemerkungen dieses Buches sind gleichsam eine Menge von Landschaftsskizzen, die auf diesen langen und verwickelten Fahrten entstanden sind." Wenngleich sich von Wright als Philosoph in vielen Punkten von dem unterscheidet, was Wittgenstein vertrat, scheint der Kern dieser Worte auch auf von Wright zuzutreffen. Auch er ist ein Wanderer im Denken.

GEORG HENRIK VON WRIGHT

WISSENSCHAFT UND VERNUNFT

1. Rationales Denken und Handeln bringen wir gewöhnlich mit Eigenschaften in Verbindung wie widerspruchsfreiem Schließen und ausreichend bestätigten Annahmen sowie mit der Fähigkeit, den Verlauf der Ereignisse in unserer natürlichen Umwelt vorherzusagen und womöglich zu steuern. Als mustergültige Leistung einer Rationalität, welche diese Bedingungen erfüllt, dürfen wir mit Recht die abendländische Wissenschaft ansehen, wie sie sich seit der Zeit der Renaissance und des Barock bis auf unsere Tage entwickelt hat.

Vor allem dank ihres Erklärungs- und Prognosevermögens hat die abendländische Wissenschaft in *technologischer* Hinsicht gewaltige Erfolge erzielt, die tiefgreifende Wirkungen auf das menschliche Leben ausgeübt haben. Insoweit diese Wirkungen vorteilhaft und willkommen gewesen sind, haben sie auch das Ansehen der Wissenschaft gefördert sowie das Ansehen jenes Typs von Rationalität, der im wissenschaftlichen Denken und in der wissenschaftlichen Praxis zu Hause ist.

Es springt jedoch immer deutlicher ins Auge, daß die durch Wissenschaft und Technologie bewirkten Umgestaltungen des Lebens nicht nur gute Dienste leisten. Der Industriestaat sieht sich gravierenden Problemen gegenüber, die von der Verschmutzung und Vergiftung der Umwelt herrühren. Der neue Lebensstil hat Rückwirkungen in Form von Entfremdung und Streß. Außerdem besteht die Gefahr, daß die Rohstoffvorräte der Welt nicht ausreichen für die Bedürfnisse wachsender Bevölkerungen, und nicht zuletzt gibt es die Bedrohung durch Waffen von beispielloser Vernichtungskraft.

Durch diese Sorgen der Menschheit haben sich nachdenkliche Geister dazu anregen lassen, die Auswirkungen der wissenschaftlichen Technologie in Frage zu stellen und damit zugleich den Wert jenes Rationalitätstyps, den die Wissenschaft repräsentiert. Die „Rationalitätsdiskussion" ist heutzutage eines der Hauptthemen in Philosophie, Soziologie und Kulturanthropologie. Es mag sein, daß diese Diskussion mehr Verwirrung als Klarheit gestiftet hat, aber zumindest haben wir daraus gelernt, daß die Rationalität des Menschen etwas Mehrdimensionales ist und viele Aspekte hat, die *nicht* zu denen gehören, die in der Wissenschaft abendländischer Prägung zur höchsten Reife gelangt sind.

Hier werde ich eine Facette dieser Mehrdimensionalität meinen eigenen Zwecken dienstbar machen: eine Facette, die sich durch den unterschiedlichen Gebrauch der Wörter „rational" und „vernünftig" zum Ausdruck bringen läßt. So kann eine Argumentation rational sein, obwohl ihre Prämissen und Konklusionen unvernünftig sind. Ein Plan kann rational sein, doch seine Ausführung ist womöglich unvernünftig. Worin besteht nun der Unterschied? Die Rationalität hat, wenn man sie der Vernünftigkeit gegenüberstellt, in erster Linie mit der formalen Richtigkeit des Denkens zu tun, mit der Leistungsfähigkeit von Mitteln zur Erreichung eines Zwecks, mit der Bestätigung und Überprüfung von Annahmen. Diese Art von Rationalität ist *zweckorientiert*, allerdings in etwas umfassenderem Sinne als dem der Max Weberschen Zweckrationalität. Urteile über Vernünftigkeit wiederum sind *wertorientiert*. Dabei geht es um die richtige Lebensweise, um das, was für den Menschen als gut oder schlecht erachtet wird. Das Vernünftige ist natürlich auch rational – aber das „bloß Rationale“ ist nicht immer vernünftig.

Einer Wissenschaft auf der Suche nach dem Vernünftigen begegnen wir in der Antike bei den Griechen.

2. Wenn man in allgemeiner Weise über die „griechische Wissenschaft“ redet, läuft man Gefahr, Vorurteilen zu erliegen und übermäßig zu vereinfachen. Doch es lohnt sich, diese Risiken einzugehen, um zu einem besseren Verständnis, wenn schon nicht der Antike, so doch unserer selbst zu gelangen.

Die geistige Einstellung, die der griechischen Wissenschaft und Spekulation zugrunde liegt, ist die Überzeugung, daß der menschliche Geist selbstständig dazu fähig ist, den *logos* der Dinge zu entziffern. Diese Überzeugung könnte man den Glauben an die *Begreifbarkeit* oder Intelligibilität der Weltordnung nennen.

Nach griechischer Auffassung war die Weltordnung eine *eunomia*, d. h. eine gesetzmäßige und gerechte Ordnung. Die Welt der Griechen war ein *kosmos* und eben als solcher gut und schön. Die Geburt der griechischen Wissenschaft fällt in die gleiche Zeit wie eine tiefgreifende Umwandlung der griechischen Gesellschaft, nämlich der Übergang von der aristrokratischen Feudalherrschaft zur gesetzlich geregelten Ordnung des Lebens in der *polis*. Man hat behauptet, die griechische Auffassung der Weltordnung sei ursprünglich nichts anderes gewesen als eine Projektion der Rechtsordnung einer menschlichen Gemeinschaft auf die Welt. Durch eine seltsame Rückwendung des Gedankens habe man diese Ordnung sodann als ideales Vorbild gedeutet, welches das staatliche Gesetz nachahmen und reflektieren müsse.

Nicht nur der Staat, sondern auch der einzelne Mensch steht im Idealfall in Einklang mit der Weltordnung. Dies gilt für den

Körper ebenso wie für die Seele. Demnach hat das moralische und geistige Leben des Menschen eine letztliche Grundlage in der die Welt beherrschenden *eunomia.* Versucht man die Weltordnung zu verstehen, so heißt das also, Ausschau zu halten nach Marksteinen oder Wegweisern für die richtige Art der Lebensführung und der Gestaltung der menschlichen Gemeinschaft. Zu solchem Verständnis zu gelangen, heißt nicht so sehr, Wissen zu erlangen, sondern *Weisheit;* es heißt (wie man sagt), das eigene Leben auf seine „natürlichen" Bedingungen abzustimmen.

3. Vor etwa zehntausend Jahren fand ein tiefgreifender Wandel statt in der Lebensweise des Menschen. Dies war die Entstehung der Agrikultur. In diesem Wandel kam eine ganz andere Form der menschlichen Rationalität zum Vorschein als die, welche später in der griechischen Wissenschaft in Blüte stand. Dabei handelte es sich um den zielgerichteten Einsatz der Vernunft zur Vorhersage von Veränderungen und Regelmäßigkeiten im Verlauf der Naturereignisse und zu Maßnahmen der Ausnutzung, Kontrolle und Steuerung dieser Ereignisse für Zwecke des Menschen. Der Übergang zur Agrikultur bedeutete zugleich, daß die Herstellung und Benutzung von Werkzeug in hohem Maße gefördert wurde. Ein neuer Menschentyp entwickelte sich: der Handwerker oder Homo faber. Zu seinen Fertigkeiten gehörte nicht nur die Herstellung von Werkzeug, Rüstung und Waffen, sondern auch der Bau von dauerhafteren Wohnstätten und Schutzwällen, die die neue Form der Lebensmittelproduktion verlangte.

Unter *Technik* kann man die Herstellung von Artefakten beliebiger Art verstehen und unter *technischen Verfahrensweisen* die Fertigkeiten, welche für diese Herstellungstätigkeiten nötig sind.

Ferner könnte man eine Unterscheidung treffen zwischen Technik und *Technologie.* Dann würde man sagen, Technologie sei Technik und technische Geschicklichkeit, die auf wissenschaftlicher Erkenntnis basieren, mithin auf der Erkenntnis des *logos* der *techne*, d. h. der rationalen Prinzipien, die der Kunstfertigkeit zugrunde liegen, welche der Handwerker oder Techniker ausübt.

Es gibt stichhaltige Belege dafür, daß eine hochentwickelte Technik ohne wissenschaftliche Grundlage möglich ist; und daß es eine diffizile Wissenschaft ohne technologischen Ertrag geben kann, liegt ebenfalls auf der Hand – ein Beispiel ist die griechische Wissenschaft. Ich werde ein Wortspiel wagen und die Behauptung aufstellen, daß die griechische Wissenschaft zwar die Rationalität des Homo sapiens verkörpert, aber nicht die des Homo faber. Die erste ist *Weisheit*, die zweite *Geschicklichkeit.* Auch mit Hilfe der Wörter „natürlich" und „künstlich" könnte man diesen Dualismus bezeichnen. Die griechische Wissenschaft der Antike betrachtet das Natürliche; die Technik hat es mit dem Künstlichen zu tun.

4. Was man die arabische Kultur nennt, nimmt sowohl eine mittlere als auch eine vermittelnde Stellung ein zwischen der griechisch-römischen und der abendländischen Zivilisation. Eines ihrer hervorstechenden Merkmale ist die Rolle, die die Magie in ihr spielt.

Die Praktik der Magie oder Zauberei ist eine zielgerichtete Tätigkeit. Ihr geht es darum, die „Kräfte", welche die Naturvorgänge beherrschen oder in materiellen Stoffen schlummern, zu beschwören oder zu versöhnen, so daß sie verschiedenen menschlichen Zwecken günstig sind oder ihnen dienen. Alchemie, Astrologie und Kabbala sind Formen der Magie, die im Umkreis der arabischen Kultur gediehen und sich stark auswirkten auf das geistige Leben im Europa der ersten formprägenden Jahrhunderte der später spezifisch abendländischen Wissenschaft.

War diese Magie des Mittelalters „Wissenschaft"? Beruhte sie – wie die griechische Philosophie oder die moderne Naturwissenschaft – auf der Überzeugung, daß die Weltordnung für den forschenden Geist begreifbar ist?

Diese Fragen sind schwer zu beantworten. Doch sicherlich können wir in der Magie des Mittelalters ein Streben sowohl nach sympathetischer Einstimmung der menschlichen Angelegenheiten auf weltbeherrschende Prinzipien als auch nach technischen Verfahrensweisen zur Kontrolle und Meisterung der natürlichen „Kräfte" erkennen. In bezug auf das erste Merkmal ähnelt die „magische Wissenschaft" der griechischen, in bezug auf das zweite Merkmal der abendländischen Wissenschaft.

5. Die Geburt der neuen Wissenschaft – die „wissenschaftliche Revolution" des sechzehnten und siebzehnten Jahrhunderts – ist eines der größten Wunder der Geistesgeschichte der Menschheit. Auch im Hinblick auf die bunte Mischung der Quellen, die die Entwicklung beeinflußten, gerät man ins Staunen: Da gibt es die Wiederbelebung der Antike, das Überleben der Magie und den Durchbruch der Moderne.

Die drei bedeutendsten Beiträge dieses Zeitalters zum Korpus der wissenschaftlichen Erkenntnis und zur Schaffung des neuen Weltbilds waren die heliozentrische Astronomie, die großen Fortschritte in der Mathematik und die Aneignung eines völlig neuen Begriffsrahmens der Mechanik. Hier geht es uns nicht unmittelbar um dieses Bild als solches, sondern um die neuen Forderungen und Ideale des darin verkörperten Gedankens der rationalen Begreifbarkeit. Die Artikulation dieser Ideale ist vor allem das Verdienst dreier Männer: Francis Bacon, Galileo Galilei und René Descartes. An dieser Stelle werde ich drei Grundzüge dieses Bildes unterscheiden:

Der erste Grundzug ist eine neue Auffassung der Beziehung zwischen Mensch und Natur, ja eigentlich ein neuer Begriff der Natur. Die Natur ist *Objekt*, der Mensch ist *Subjekt* und *Handelnder*. Der Mensch steht der Natur als („unbeteiligter") Beobachter gegenüber, aber auch als Manipulierender. Aus der rigorosen Objektivierung der Natur bzw. ihrer Verdinglichung (wie man mitunter sagt) ergibt sich eine scharfe Trennung von Tatsachen und Werten, von deskriptiver und präskriptiver Darstellung. Werte gehören in den Bereich des Subjekts – aus einer Untersuchung natürlicher Phänomene können sie nicht „extrahiert" werden; die Gesetze der Natur mögen zwar „ehern" und „unerbittlich" sein, aber einen Leitfaden für das gute oder richtige Leben geben sie nicht ab.

Ein weiterer Grundzug der neuen Wissenschaft hängt zusammen mit der Beziehung zwischen einem Ganzen und seinen Teilen. Materielle Körper und Naturvorgänge können durch „Analyse" in ihre Bestandteile zerlegt werden, aus deren Eigenschaften man sodann die Eigenschaften des Ganzen „synthetisieren" kann. Galilei gibt eine schöne Beschreibung dieses Verfahrens, wenn er von einer *metodo resolutivo* und einer *metodo compositivo* spricht. Das prototypische Beispiel für dieses „Zerlegen und Zusammensetzen" ist das „Parallelogramm der Kräfte". Gesamtheiten oder ganzheitliche Gebilde, die die Anwendung dieser Methode zulassen, heißen auch *meristisch.* Eine solche „meristische Methodologie" ist nicht nur für die klassische Physik überaus kennzeichnend, sondern darüber hinaus für jede Wissenschaft, die nach ihrem Vorbild gestaltet ist, darunter auch die herkömmliche Assoziationspsychologie.

Der dritte Grundzug, den ich hervorheben möchte, ist das *Experiment.* Der große Theoretiker der experimentellen Methode war Francis Bacon, der seinerseits allerdings kein großer experimenteller Forscher war. Für Bacon ist das Experiment vor allem eine systematische Suche nach Ursachen, durch deren Wiederholung und Unterdrückung wir ihre Wirkungen in den Griff bekommen können. Die Einstellung in bezug auf die Natur, die darin zum Ausdruck kommt, ist also manipulativ. Der griechischen Wissenschaft war diese Einstellung fremd gewesen, doch für die Magie des Mittelalters war sie überaus typisch. Das geistige Element des Experimentalismus kann daher als Erbschaft angesehen werden, die der abendländischen Wissenschaft von seiten der arabischen Kultur zuteil geworden ist.

6. Das Element der Zweckrationalität fand sich daher auch in der von der neuen Wissenschaft repräsentierten Form von Vernünftigkeit. Es war von vornherein damit verbunden, daß man technologischen Gewinn erwartete. Keiner hat das technologische Ethos der modernen Wissenschaft so beredt verkündet wie Bacon. Der erste Theoretiker der experimentellen Methode verdient zugleich den Titel des Meisterphilosophen der Technologie.

Dieser technologische Aspekt der wissenschaftlichen Rationalität steht in natürlicher Verbindung mit der jüdisch-christlichen Auffassung der Stellung des Menschen in der von Gott geschaffenen Welt. Im ersten Kapitel der Schöpfungsgeschichte heißt es, Gott habe den Menschen zu seinem Bilde geschaffen und ihm die Herrschaft verliehen über das Vieh auf dem Lande, die Fische im Meer, die Vögel in der Luft und über die ganze Erde. Die neue Naturwissenschaft ließe sich auffassen als ein Geschenk Gottes für den Menschen, um ihn bei der Ausübung seiner ihm von Gott selber anvertrauten Herrschaft zu unterstützen.

Aufschlußreich ist ein Vergleich der christlichen Rechtfertigung der „Naturbeherrschung" des Menschen mit dem Mythos des griechischen Helden der technischen Rationalität: Prometheus. Der Titan raubte den Göttern das Feuer, schenkte es den Menschen und lehrte sie, dieses Geschenk ihren Kunstfertigkeiten oder *technai* nutzbar zu machen. Doch das Geschenk des Prometheus war Diebesgut – und somit beruhte der Nutzen, den die Menschheit daraus zog, auf einer rechtswidrigen Grundlage. Der „prometheische Geist" ist, wenn er die Menschen beseelt, der *hybris* verwandt und veranlaßt sie zur Mißachtung des *metron* oder Maßes, das bestimmt, was sich für die richtige Lebensweise ziemt. *Hybris* bedeutet die Störung eines natürlichen Gleichgewichts oder einer natürlichen Harmonie, die sodann durch die unerbittliche *nemesis* der Götter wiederhergestellt wird. Der Mythos des Prometheus hat die abendländischen Dichter der verschiedenen Zeitalter dazu angeregt, ungerechte Götter zu verleugnen oder sich gegen sie aufzulehnen – aber auch zur Betrachtung der Grenzen des menschlichen Vermögens, die durch die eigenen Fertigkeiten „freigesetzten" Kräfte im Griff zu behalten. Auch für uns heute stellt die Weisheit dieses Mythos eine Herausforderung dar, obwohl der moderne Mensch weder das griechische Gefühl für das Natürliche besitzt noch den christlichen Gehorsam gegenüber Gott.

Es ist jedoch verständlich, daß sich die Kirche als Hüterin der christlichen Überlieferung und Werte Sorgen machte über die Umwälzung der Denkweise und Weltsicht, die durch die in Entstehung begriffene Wissenschaft ausgelöst wurde. Nach aufgeklärter Meinung steht das berüchtigte Verfahren gegen Galilei für den rückschrittlichen Charakter der kirchlichen Lehren in einer Zeit des zurückweichenden Alten und der fortschreitenden Modernität.

Und dennoch trifft, wie es scheint, die Behauptung zu, daß der letztliche Triumph der neuen Wissenschaft nicht dem Widerstand der Kirche zum Trotz zustande gekommen ist, sondern im Bündnis mit den Kräften des Christentums, sei es nun katholisch oder protestantisch geprägt. Mit der christlichen Einstellung zur Technologie hat das wenig zu tun (sofern es überhaupt damit zusammenhängt); viel dagegen mit der christlichen Einstellung zur Magie, die in den Jahrhunderten des Übergangs vom Mittelalter zur Neuzeit im europäischen Geistesleben eine verwirrende Rolle spielte. Die mechanistische Wissenschaft beruhte auf einer objektivierten, von „Geistern" befreiten Naturauffassung, und diese stand in krassem Gegensatz zur magischen Vorstellung einer Natur, die von geisterhaften Kräften bevölkert war, die auf die Befehle von Zauberern und Hexen hörten. Die neue Wissenschaft war daher ein willkommener Verbündeter im Kampf gegen Ketzerei und bei der Austreibung untergeordneter Geister, so daß der eine überragende Geist, der dreifaltige Gott des Christentums, als Alleinherrscher des Alls übrigblieb.

Aber wie es häufig geschieht: Von Anfang an bestand eine latente Spannung zwischen den verbündeten Parteien. Waren christlicher Glaube und christliche Werte letzten Endes vereinbar mit der entwickelten Form von Rationalität, wie sie die Wissenschaft darstellte? Die Wissenschaft – oder vielmehr: die wissenschaftliche Rationalität – hat sicherlich mit beigetragen zur Säkularisierung der abendländischen Gesellschaft und damit auch zur allmählichen Erosion und zum Dahinwelken des Einflusses der Religion. Die letzte große Auseinandersetzung zwischen Wissenschaft und Religion, die noch ein wenig an den Renaissance-Kampf zwischen „i due sistemi del mondo" erinnert, war der Streit um den Darwinismus.

Ein ernsteres Problem als das Zerbröckeln des christlichen Glaubens ist heute das *Vakuum der Werte,* das unmittelbar im Gefolge der Säkularisierung der Gesellschaft entstanden ist. Auch zur Schaffung dieses Vakuums hat die wissenschaftliche Rationalität zweifellos beigetragen. In einer von der wissenschaftlichen Rationalität und ihren technologischen Leistungen beherrschten Kultur tendieren sonstige Formen des menschlichen Geisteslebens zur Verkümmerung und werden leicht als minderwertig eingestuft.

7. Der technische Ertrag der in Entstehung begriffenen mechanistischen Wissenschaft machte sich bald bemerkbar, obwohl er zunächst kaum sonderlich imposant wirkte. Allerdings machte sich weder Bacon noch (soweit ich weiß) sonst einer der frühen Propheten der technologischen Wohltaten der neuen Wissenschaft ein Bild davon, daß sich diese Entwicklung letzten Endes auch auf die Lebensweise der Menschen und den gesamten Bau der Gesellschaft gründlich auswirken würde. Als man diese Wirkung gegen Ende des achtzehnten und zu Beginn des neunzehnten Jahrhunderts zu spüren begann, geschah das *nicht* infolge spektakulärer neuer Entwicklungen der damaligen Wissenschaft. Weder die Erfindung des mechanischen Webstuhls noch die der Dampfmaschine waren auch nur im entferntesten Ergebnisse von „Forschungs- und Entwicklungsverfahren" im modernen Sinne dieser Ausdrücke. Es bleibt jedoch ein unbestreitbares Faktum, daß es die wissenschaftliche Revolution der Spätrenaissance und des Barock war, die letztlich die etwa zweihundert Jahre später stattfindende industrielle Revolution ausgelöst hat.

Die industrielle Revolution war im Grunde ein Wandel der *Produktionsweise* von Gütern. Der daran anschließende soziale Wandel war ein Übergang von der Agrargesellschaft zur Industriegesellschaft. Dies ist vermutlich die größte Umwälzung im Leben der Menschen und ihrer Gesellschaften, die seit dem Übergang zur landwirtschaftlichen Lebensform vor Tausenden von Jahren stattgefunden hat.

8. Wenn von der industriellen Revolution und den durch sie aufgeworfenen Problemen die Rede ist, darf man nie vergessen, wie *neu* und unabgeschlossen dieses Phänomen immer noch ist. Es ist kaum zweihundert Jahre her, seit es in England begann. Die Umwandlung der Gesellschaft von der vorwiegend landwirtschaftlichen zur vorwiegend industriellen Form ist eine Veränderung, die auch in vielen europäischen Ländern – wie z. B. in meiner eigenen Heimat – in einer Zeit stattgefunden hat, an die sich die Leute noch erinnern. In den meisten Ländern hat der Vorgang kaum begonnen, und wir wissen noch nicht, ob er zum Schluß den ganzen Erdball erfaßt haben wird. Vermutlich ja – obwohl fernab womöglich Nischen „landwirtschaftlicher Rückständigkeit" erhalten bleiben, genauso, wie „primitive" Stämme von Jägern und Sammlern ihr Leben, von der landwirtschaftlichen Revolution unberührt, weitergeführt haben.

Daß der Übergang zur industriellen Produktionsweise mit gravierenden Anpassungsproblemen einhergeht, überrascht nicht im geringsten. Ganz zu Anfang drohte einer Klasse von Menschen – der Arbeiterschaft – durch die Industrialisierung eine moderne Form von Sklaverei. Mit dieser von Marx und Engels eindringlich geschilderten Bedrohung ist nach meiner Einschätzung nicht mehr zu rechnen – jedenfalls nicht in Europa –, dank der ausgleichenden Gegenkraft der organisierten Arbeiterbewegung. Es steht jedoch ein anderer „Sklavenaufstand“ bevor: Die eroberte und versklavte Natur nimmt Rache an ihrem Herrscher, dem technologisch orientierten Menschen. Die Erosion des Festlands, die Verschmutzung von Luft und Wasser, die drohende Erschöpfung nicht zu ersetzender Rohstoffvorräte: dies sind die Umweltprobleme, mit denen der Industriestaat fertigwerden muß. Es sind allerdings nicht seine einzigen Probleme, sondern es gibt noch mehr, die ebenso gravierend oder sogar noch schlimmer sind, und dies sind Probleme psychischer und sozialer Natur. Die Verkümmerung traditioneller Werte nährt ein Gefühl der „Sinnlosigkeit“ des Lebens und beim „Durchschnittsbürger“ auch ein Gefühl der Entfremdung und Ohnmacht im Verhältnis zu dem unpersönlichen bürokratischen Apparat, der den alltäglichen Gang der Dinge kontrolliert und steuert.

Angesichts dieser Übel und Bedrohungen des menschlichen Wohlergehens kann man die Frage stellen, ob der Lebensstil, der durch die wissenschaftlich gestützte Technologie zusammen mit der industriellen Produktionsweise gefördert wird, in *biologischer* Hinsicht geeignet ist für den Menschen. Einstein hat dieser Besorgnis Ausdruck verliehen und gesagt: „Die Tragik des modernen Menschen liegt – allgemein gesehen – darin: er hat für sich selber Daseinsbedingungen geschaffen, denen er auf Grund seiner phylogenetischen Entwicklung nicht gewachsen ist“[1]. Soll diese Tragik unentwegt weiter dauern? Wenn ja, kann das Ende kaum etwas anderes sein als die Selbstvernichtung der menschlichen Gattung – sei es mit einem Schlag durch einen nuklearen Holocaust oder nach Jahrhunderten der Desintegration und Wirr-

[1] Zitiert nach *J. Mittelstraß*, Zur wissenschaftlichen Rationalität technischer Kulturen, Phys. Bl. 40 (1984) Nr.3, S. 67.

nis von der Art des „Wärmetods“, der nach der Vorstellung der Physiker letztlich das Los des Weltalls ist.

Ich halte es für gut, daß wir uns im klaren sind darüber, wie realistisch diese Aussichten sind. Tierarten entstehen und vergehen – der Homo sapiens wird gewiß keine Ausnahme machen von diesem „Naturgesetz“. Das Psalmwort „Lehre uns bedenken, daß wir sterben müssen, auf daß wir klug werden“ hat nicht nur für den Einzelnen Bedeutung, sondern auch für die Menschheit als ganze.

Mutmaßungen über die Überlebensaussichten sind allerdings nicht sonderlich lohnend. Interessanter ist die Betrachtung der möglichen Rückwirkungen der Industrialisierung und der weiteren technischen Entwicklungen auf Institutionen und Formen der gesellschaftlichen Organisation. Eine wichtige Frage ist z. B. die, ob die demokratische Regierungsform und die Freiheiten des Individuums die Umwandlung des Lebensstils überstehen werden. Die Ideale der Demokratie und der Freiheit, wie sie sich im Rahmen der abendländischen Zivilisation herausgebildet haben, beruhen auf zwei Voraussetzungen. Die eine Voraussetzung ist, daß der Durchschnittsbürger imstande ist, sich selbständig eine Meinung zu bilden über öffentliche Angelegenheiten, die mit seinen eigenen langfristigen Interessen zusammenhängen. Die zweite Voraussetzung ist, daß er die Folgen seiner Handlungen und Verpflichtungen ausreichend überblicken kann, um für den Gebrauch, den er von seinen Freiheiten macht, die ganze Verantwortung zu übernehmen. Zweifelhaft ist, ob diese Voraussetzungen erfüllt werden können in einer Gesellschaft, in der Entscheidungen immer stärker von Expertenmeinungen abhängen und in der die Wirkungen individuellen Handelns auf die Gesellschaft insgesamt zunehmend unübersichtlicher werden und immer schwerer vorherzusagen sind. Die Komplexitäten der Industriegesellschaft sind womöglich derart, daß die demokratische Regierungsbeteiligung zur gehaltlosen Formalität äußerlicher Jasagerei verkommt oder zu Protestäußerungen gegen unverständliche Alternativen und daß die individuelle Freiheit entweder auf konformistisches Einverständnis mit dem Unvermeidlichen beschränkt ist oder die Form unverantwortlicher, nihilistischer Handlungen der Selbstbestätigung annimmt.

Aufmerksamkeit heischt auch der Umstand, daß es den herrschenden Eliten durch diffizil ausgetüftelte Technologien viel leichter gemacht wird, das Tun ihrer Untergebenen zu kontrollieren und ihre Meinungen zu manipulieren. Auch dies steht im Gegensatz zu eigentlicher Demokratie und Freiheit. Ich glaube jedoch nicht, daß die Industrialisierung der Gesellschaft im Westen persönliche Diktaturen „atavistischer", rückschrittlicher Art begünstigen wird, wie wir sie in Europa zwischen den Weltkriegen erlebt haben. Die Gefahr besteht eher in der „Diktatur der Verhältnisse", wie ich sie nennen möchte, den autonomen unpersönlichen Kräften rasanter technologischer Entwicklungen und der sich selbst perpetuierenden Notwendigkeit wirtschaftlichen Wachstums und Expansionsdrangs. Es ist aufgrund der drohenden Gefahr *dieser* Diktatur, daß wir uns fragen, ob die durch Wissenschaft und Technologie repäsentierte Form von Rationalität nicht Rückwirkungen auf das Leben hat, die alles andere als vernünftig sind.

Zu diesem Thema werde ich gleich einige weitere Bemerkungen machen, doch zunächst wollen wir auf die Entwicklungen in der Wissenschaft zurückkommen.

9.

Die neue Physik war schon in einem frühen Stadium ihrer Entwicklung eine Herausforderung für die cartesianischen

Ideale der Begreifbarkeit, unter anderem durch die Konzeption der „Fernkräfte“ in der Newtonschen Gravitationstheorie. Diese Konzeption verursachte auch weiterhin begriffliches Unbehagen, beinahe bis zur Zeit der Entwicklung der Relativitätstheorie. Eine weitere Schwierigkeit wurde ausgelöst durch den Wettstreit zwischen Korpuskular-und Wellentheorie des Lichts. Als sich die Wellentheorie schließlich durchsetzte, erfüllte sie die cartesianischen Forderungen nur so lange, wie man davon ausging, daß sich die Lichtwellen in einem „Äther“ genannten hypothetischen Medium ausbreiten. Sobald man die Ätherhypothese fallenließ, war die Begreifbarkeit des physikalischen Begriffsrahmens wieder in Gefahr. Das Zeitalter der seither „klassisch“ genannten Physik ging seinem Ende entgegen, und man befand sich auf der Schwelle zu etwas grundlegend Neuem. Gekennzeichnet ist der Übergang durch zwei der größten Leistungen der Wissenschaftsgeschichte: die Entwicklung der Relativitätstheorie und der Quantentheorie.

Wahrscheinlich trifft es zu, daß sich die physikalische Theorie immer noch nicht so recht erholt hat von dem Schock, der den früheren Begreifbarkeitsmustern insbesondere von der Quantentheorie versetzt worden ist. Durch die von der Mehrheit der theoretischen Physiker scheinbar immer noch bevorzugte sogenannte Kopenhagener Deutung wird z. B. im Grunde anerkannt, daß eine widerspruchsfreie und vollständige Theorie der Mikrowelt, die die Forderungen der klassischen Physik erfüllt, schlicht nicht anzugeben ist. Statt dessen muß man sich mit komplementären, aber wechselseitig unvereinbaren Begriffsschemata behelfen, wie etwa dem Dualismus von Welle und Teilchen in bezug auf die Elementargebilde. Die Heisenbergsche Unschärferelation wiederum scheint eine weitere Kernidee der klassischen Physik zu erschüttern, nämlich die rigoros verdinglichte Auffassung der

Natur und der Trennbarkeit von Beobachter und Beobachtetem.

Einstein selbst wollte bekanntlich nicht die Hoffnung aufgeben, die klassischen Ideale der Begreifbarkeit könnten womöglich erneut gerechtfertigt werden. Zum Teil in Einsteins Fußstapfen sind im Laufe der Jahre eine Reihe von Versuchen unternommen worden, die komplementären Aspekte der Interpretation von Mikrophänomenen in einem einheitlichen Ganzen zu „versöhnen", doch wie es scheint, ist keiner dieser Versuche auf weitgehende Anerkennung gestoßen. Durch spätere Entwicklungen ist die Situation nicht klarer geworden, sondern stellt sich eher noch verwirrender dar. Das vom begrifflichen Standpunkt vielleicht beeindruckendste Rätsel hängt zusammen mit dem bekannten – mitunter als „Paradox" bezeichneten – Gedankenexperiment von Einstein, Podolsky und Rosen sowie mit seiner Aktualisierung in der durch die Bellschen Ungleichungen ausgelösten Debatte. Die dadurch aufgeworfene Verständnisschwierigkeit erinnert ein wenig an das Unbehagen, das einst durch die Newtonschen Fernkräfte verursacht wurde. Experimentell herbeigeführte Veränderungen im Zustand einiger Gebilde bewirken, wie es scheint, instantane Veränderungen in anderen Gebilden, die zwar örtlich von den ersteren getrennt sind, aber demselben „System" angehören. Dies stellt eine Herausforderung dar für das im Sinne der cartesianischen Begreifbarkeit verstandene meristische Postulat, und es ist vorgeschlagen worden, dieser Herausforderung sei nur gewachsen, wer eine holistische Auffassung der von David Bohm so genannten „ungebrochenen Ganzheit" vertritt, die nicht zu vereinbaren ist mit der klassischen Vorstellung der Zerlegung von Ganzheiten in unabhängige Einheiten, aus deren Wirkungen die Ordnung des Ganzen erneut zusammengesetzt werden kann.

Es liegt auf der Hand, daß die meisten theoretischen Physiker verwirrt sind durch die begriffliche Situation, wie sie sich heute in ihrem Fach darbietet. Nur wenige jedoch geben sich Mutmaßungen hin über die letzten Konsequenzen des Zusammenbruchs der Begriffsmuster der klassischen Physik. Frappierend ist aber, daß immer mehr phantasiebegabte Denker, zu denen auch einige mit hervorragender wissenschaftlicher Ausbildung gehören, Ähnlichkeiten sehen zwischen einer sich herausbildenden holistischen Methodologie der Wissenschaft sowie dem Verzicht auf die Subjekt/Objekt-Trennung des „klassischen" verdinglichten Naturbegriffs einerseits und der in den Mythologien antiker Religionen sowie in den Lehren der Mystiker über Natur, Bewußtsein und eine weder deterministische noch mechanistische Verknüpfung der Glieder in der „Großen Kette der Wesen" verkörperten Weisheit andererseits.

10. Es ist verlockend, einen Zusammenhang zu sehen zwischen der „Grundlagenkrise" in der Physik und der Tatsache, daß es die Wissenschaften vom Leben sind, in denen es in unserem Jahrhundert besonders sprunghaft vorwärtsgegangen ist. Der Schwerpunkt des wissenschaftlichen Weltbilds hat sich, wie es gelegentlich heißt, von der Physik zur Biologie verlagert. Man sollte aber besser sagen, er habe sich in das Grenzgebiet zwischen den beiden verlagert; oder man sollte von einer „Invasion" der Wissenschaften vom Leben sprechen: einer Invasion „von unten", von seiten der Wissenschaften, die sich bisher mit der nicht lebendigen Natur zu beschäftigen pflegten. Vor relativ kurzer Zeit entstandene Bezeichnungen wie „Biophysik", „Biochemie" oder „Molekularbiologie" sind vielsagend. Die größte aller Neuheiten ist bisher die Klarlegung der Vererbungsmechanismen der Spezies, die, ausgehend von der Wiederentdeckung der Mendelschen Gesetze und der Entdeckung von Mutationen um die Jahrhundertwende, zu Anfang der zweiten Jahrhunderthälfte in der Enträtselung der Molekularbasis der Chromosomen – der Doppelhelix der DNA – gipfelt.

Der technologische Ertrag dieser Entwicklungen ist ebenfalls beeindruckend. Die Medizin, die sich herkömmlicherweise mit der Heilung von Krankheiten befaßt, wird immer stärker in die Manipulation der Erbbasis verwickelt. Dadurch werden bekanntlich gravierende Probleme der medizinischen Ethik und der Wissenschaftsethik im allgemeinen aufgeworfen.

Der Fortschritt der Biologie in unserem Jahrhundert ist soweit ein Triumph jenes Typs wissenschaftlicher Rationalität, der mit Bacon, Descartes und Galilei Gestalt angenommen hat. Claude Bernard, der große Bahnbrecher der wissenschaftlichen Physiologie, hat vor langer Zeit – ein Wort Descartes' wiederaufnehmend – den lebenden Organismus als „Maschine“ bezeichnet, „deren Funktionieren durch die physikochemischen Eigenschaften ihrer Bestandteile notwendig determiniert ist“[2]. Dadurch wird die meristische Ansicht der Phänomene des Lebens aus der Sicht einer verdinglichten Naturauffassung in nuce zum Ausdruck gebracht. Was für Bernard noch Programm war, sieht hundert Jahre später aus wie der gelungene Durchbruch und letztliche Sieg der cartesianischen Rationalität im Rahmen der wissenschaftlichen Untersuchung des Lebens.

[2] So heißt es in Bernards klassischer Schrift: L'introduction à l'étude de médicine expérimentale, Paris 1865, S. 161. Das französische Original lautet: „une machine qui fonctionne nécessairement en vertu des propriétes physicochemiques de ses éléments constituants“.

11. Werden die Entwicklungen in der Biologie ebenfalls in einer Grundlagenkrise enden? Es lohnt sich, dieser Frage auf den Grund zu gehen.

Der Fortschritt, auf den ich kurz angespielt habe, hat hauptsächlich in der „Mikrobiologie“ stattgefunden, um diesen Ausdruck in erweiterter Bedeutung zu verwenden. (Damit meine ich eine von der Mikroebene ausgehende Untersuchung der Phänomene des Lebens.) Ich sehe keinen Grund zur Annahme, daß dieser spezifische Forschungsansatz auf eine „Krise“ zusteuert. Anders verhält es sich jedoch in der „Makrobiologie“, wie ich sie nennen möchte. Darunter verstehe ich etwa die integrative Tätigkeit der Gene, die Entwicklung des Eis zu einem vereinigten und dabei mannigfaltig gestalteten Ganzen, den Mechanismus der Regeneration eines verletzten Organismus und die Wechselwirkung zwischen Organismus und Umwelt. Ohne die auch auf diesem Gebiet offenkundigen Fortschritte geringschätzen zu wollen, ist die begriffliche Situation in der Makrobiologie doch gewiß völlig verschieden von der in der „Mikrobiologie“. Daß führende Biologen heute in Sorge darüber sind, kann man aus ihren Formulierungen heraushören.

Es mag sein, daß weitere Fortschritte der Forschung auf der Mikroebene allmählich auch einige der offenen Probleme der Makroebene lösen. Die Biologen betrachten die Aussichten hier, wie es scheint, mit mehr oder weniger Optimismus. Weitgehende Übereinstimmung scheint jedoch zu bestehen darüber, daß sich die Problemlage seit dem um die Jahrhundertmitte erzielten Durchbruch geändert hat. Die Frage lautet, um Sydney Brenner zu zitieren, „ob die Probleme der Entwicklungsbiologie durch eine einzige Einsicht von der Art der Doppelhelix gelöst werden können“. Wie immer die Antwort ausfallen mag, man könnte, um weiter aus der gleichen Quelle zu zitieren, sagen, „alle genetischen und molekularbiologischen Arbeiten der letzten sechzig Jahre ließen sich als langes Zwischenspiel auffassen", während wir jetzt „den Kreis geschlossen haben und zurückgelangt sind zu den Problemen, die wir ungelöst hinter uns gelassen haben"[3]. Für den außenstehenden Beobachter ist offensichtlich, daß in der Biologie wie auch in den Umweltwissenschaften ein tappendes Suchen stattfindet nach verschiedenen „holistischen" oder „systemtheoretischen" Methodologien. Ihre Nützlichkeit und ihr Wert ist nach meinem Eindruck bei weitem nicht erwiesen. Doch es ist interessant festzustellen, daß eine Ähnlichkeit besteht zwischen den Tendenzen hin zu neuen Idealen wissenschaftlicher Begreifbarkeit in der Mikrophysik einerseits und der Makrobiologie andererseits. Es ist natürlich, daß solche Trends, die nicht die Erforschung von Fakten betreffen, sondern eher den Begriffsapparat – die „Denkweise" –, sich langsam entwickeln und auch, daß sie durch Seher und Propheten verkündet werden, deren gestammelte Botschaften womöglich hörenswert sind, obwohl wir sie noch nicht als wahr anzuerkennen vermögen.

Würde eine solche holistische Weltsicht, wenn sie tatsächlich zum Vorschein käme, eine neue Form wissenschaftlicher Rationalität darstellen? Vielleicht in dem Sinne, daß sie weniger eng verknüpft wäre mit der zielgerichteten, von oben herab eingesetzten Rationalität der Kontrolle und Prognose. Ihr technischer Ertrag wäre vermutlich geringer als der der Wissenschaft im Geiste von Bacon und Descartes. Sie mag jedoch statt dessen einen Wandel anregen im Verhältnis zwischen Mensch und Natur, einen Übergang von der Idee der *Beherrschung* zur Idee der *Koevo-*

---

[3] Aus der Aufzeichnung einer Diskussion zwischen *Francis Crick* und *Sydney Brenner*, zit. in: *H. F. Judson*, The Eighth Day of Creation. The Makers of the Revolution in Biology, London 1979, S. 209.

lution, des Zusammenlebens – und dies kann von Vorteil sein für die Anpassung der Industriegesellschaft an die biologischen Bedingungen ihres Überlebens.

12. Es ist bemerkenswert, daß es relativ lange dauerte, ehe die Wissenschaft fest in die neuartige Gesellschaftsstruktur integriert wurde, die von der industriellen Revolution hervorgebracht worden war. Vielleicht trug der Umstand, daß die Erfindungen, durch die das Rad der Industrialisierung in Bewegung gesetzt wurde, sogar vom Standpunkt der damaligen Wissenschaft relativ schlicht waren, zu der lange vorherrschenden Ansicht bei, die Wissenschaft sei nicht so sehr eine „Produktivkraft" der wirtschaftlichen und sozialen Entwicklung, sondern eine elitäre Beschäftigung und ein Luxus.

Der große Wandel in der Einstellung der Staatsgewalt zur Wissenschaft fand erst in der zweiten Hälfte dieses Jahrhunderts statt. Der Zweite Weltkrieg hatte den Weg gebahnt. Fortgeschrittene wissenschaftliche Technologie und auch rein wissenschaftliche Entwicklungen leisteten der Kriegsmaschine entscheidend wichtige Dienste, die in der Atombombe ihren Höhepunkt fanden.

Kurzfristig gesehen, hat die Wissenschaft gewiß in hohem Maße profitiert von ihrer anerkannten Wichtigkeit für die materielle Lebensgrundlage in industrialisierten Nationalstaaten. Die finanzielle Unterstützung der Wissenschaft hat jetzt in den meisten Ländern eine ganz andere Größenordnung erreicht als vor dem Krieg, und die Anzahl der in Forschung und wissenschaftlicher Ausbildung beschäftigten Personen ist enorm gewachsen. Diese Entwicklung mag den Wissenschaftlern zwar willkommen sein, aber es gibt auch eine Gefahr, die damit verbunden ist. Die

Wissenschaft riskiert, eine Geisel der staatlichen und industriellen Macht zu werden.

Im Gegensatz zur Kirche von einst ist der Staat keine Autorität, deren Ansprüche auf Erkenntnis der Wahrheit von der Wissenschaft in Zweifel gezogen werden könnten. Der säkularisierte Staat stellt im Westen einfach keine derartigen Ansprüche. Der Gehorsam der Wissenschaftlergemeinschaft gegenüber den nationalen Interessen wird nicht durch die Inquisition gewährleistet, sondern durch den Staatssäckel. Die Wissenschaft braucht Geld, und wenn sie auf großem Fuße lebt, braucht sie eine Menge Geld, und das muß hauptsächlich aus Quellen kommen, denen es nicht um das Streben nach der Wahrheit um ihrer selbst willen geht, sondern die damit rechnen, aus dem investierten Kapital Gewinn zu schlagen. „Wissenschaftspolitik" ist ein neuer Begriff im Staatshaushalt. Der dafür erforderliche Expertenrat wird von der Wissenschaftlergemeinschaft geliefert, doch die Zielsetzungen werden von anderen bestimmt und die Entscheidungen von anderen getroffen. Das bedeutet, daß sich die wissenschaftliche Forschung auf Ziele richtet, die der Wissenschaft selbst äußerlich sind. Diese Ziele sind alles in allem nur vage definiert im Sinne der nationalen Sicherheit und des Wohlergehens der Bürger. Gerade die Vagheit der Zielsetzungen trägt leicht dazu bei, daß die Art und Weise, in der sich die Wissenschaft ihnen anpaßt, nicht ans Licht kommt. Je größer allerdings der Gewinn in Gestalt vermarktungsfähiger Güter oder öffentlichen Nutzens, den ein Forschungsprojekt offerieren kann, desto besser seine Aussichten, ein großes Stück vom Subventionskuchen abzubekommen.

13. Heute vergeht kaum ein Tag, an dem man nicht von neuem in der Zeitung lesen kann, ein Politiker, ein Industriekapitän oder gar ein Wissenschaftler habe unterstrichen, die Nation müsse unbedingt Schritt halten mit der wissenschaftlichen und technologischen Entwicklung. Die Vorteile der Führungsposition bei diesem Wettlauf und die katastrophalen Folgen des Hinterherhinkens werden in lebhaften Farben ausgemalt. Was für Vorteile und was für katastrophale Folgen sind das eigentlich?

Die Vorteile werden vag als erhöhter Lebensstandard oder materieller Wohlstand bezeichnet. Aber in vielen Ländern des Westens, in denen der materielle Standard längst jede Stufe überschritten hat, die nötig ist, um bequem zu leben und von den schlimmen Mühseligkeiten der unaufhörlichen Plackerei fürs tägliche Brot frei zu sein, klingt diese Begründung mittlerweile so hohl, daß man durchaus bezweifeln kann, ob ein intelligenter Mensch überhaupt noch imstande ist, sie ernst zu nehmen. Es gibt zwar tatsächlich Probleme – ja sogar ernste Probleme –, die mit dem Wohlergehen der Bevölkerung in Industriegesellschaften zusammenhängen. Aber diese Probleme rühren nicht daher, daß für die Produktion und Vermarktung der Güter zu wenig hochentwickelte Technologie eingesetzt wird, sondern für diese Probleme sind Faktoren sozialer und politischer Natur verantwortlich.

Leichter zu verstehen und ernst zu nehmen sind die Gefahren, die auf einen Rückschlag folgen. In dem verflochtenen Netz der Handels- und Industriebeziehungen führen geringe Konkurrenzfähigkeit und niedrige Produktivität automatisch zu einer Schmälerung des Vermögens der Nation, sich auf der politischen Ebene zu behaupten. Wenn es um die Beziehungen zwischen Partnern sehr ungleicher Stärke geht, kann dies eine Bedrohung der nationalen Unabhängigkeit und Sicherheit darstellen.

Die Aussicht eines wirtschaftlichen Rückschlags, der auf mangelhafte Konzentration und Koordination der innovativen Kräfte zurückgeht, beunruhigt heute die Führungskräfte der europäischen Politik und Industrie. Man ist sich zunehmend bewußt, daß die Bedrohungen der nationalen Unabhängigkeit und Selbstbehauptung, die auf einen Niedergang folgen, nur durch gemeinsame intereuropäische Bemühungen um eine wissenschaftliche und technologische Wiederbelebung unseres Kontinents abgewendet werden können. Bezeugt wird das Vorhandensein dieser Sorgen durch das sogenannte „Eureka"-Projekt.

Es ist kaum zu bezweifeln, daß dieser Gedanke durchaus realistisch ist in dem Sinne, daß ein Zuwachs der industriellen und technologischen Stärke Europas zugleich seine Möglichkeiten verbessern wird, sich sowohl als konkurrierende wie auch als ausgleichende Kraft zwischen dem transatlantischen Westen und dem sowjetisch beherrschten Osten zur Geltung zu bringen.

Den Realismus dieser Bestrebungen und Hoffnungen zugestanden, bleibt doch die folgende Frage dem Nachdenken anheimgestellt: Wird die industrielle Wiederbelebung Europas die Anpassung der Menschen an den Lebensstil der Industriegesellschaft erleichtern oder wird sie, im Gegenteil, schlimmere Symptome des Unbehagens und der Anpassungsschwierigkeiten zeitigen?

14. Meine Ansicht im Hinblick auf diese Frage ist pessimistisch: Ich sehe einfach keinen einzigen Grund zu der Annahme, die industrielle Weiterentwicklung werde einer Gesellschaft helfen, ihre inneren Mißstände zu überwinden. Dagegen kann ich mehrere Gründe erkennen für die Annahme, daß die Übel schlimmer werden. Diese Gründe könnte man in einem einzigen Wort komprimieren, dem Wort „Trägheit“. Spezifischer ausgedrückt, ist es die Trägheit des von der Wissenschaft in Bewegung gehaltenen Rades der auf Technologie basierenden Industrie. Dies nennt man auch den „technologischen Imperativ“. Dabei handelt es sich freilich nicht um die einzige Kraft, die in den Industrieländern die gesellschaftlichen Entwicklungen prägt – aber meines Erachtens sitzt sie am tiefsten (ist relativ autonom) und ist die stärkste dieser Kräfte. Daher hält der sich selbst perpetuierende Vorwärtsdruck, mit dem der technologische Fortschritt die industrielle Produktionsweise nährt, zusammen mit den auf einen Rückschlag folgenden Bedrohungen des nationalen Interesses die Gesellschaft mit eiserner Faust im Griff, ohne daß ein Entkommen in Sicht wäre. Der Versuch, einen Ausweg einzuschlagen, hieße, einen Sprung in Ungewißheiten und Gefahren riskieren, den sich keine verantwortungsbewußte Führung leisten kann. Der technologische „Rüstungswettlauf“ *muß* fortgesetzt werden.

Der Konkurrenzdruck dieses Wettlaufs und die Starrheit seiner Ausrichtung wird es einstweilen immer schwieriger machen, angemessen mit den Umwelt- und Gesellschaftsproblemen fertigzuwerden, die durch den veränderten Lebensstil erzeugt werden. Gefahren, die von der Industrie ausgehen, werden wahrscheinlich nicht durch Änderungen in der Produktion eingedämmt, sondern durch Gegentechnologien; die Knappheit der natürlichen Reserven wiederum wird wohl durch die Herstellung neuer Kunststoffe und weitergehende Freisetzung der Energien des Atoms ausgeglichen. Den Sicherheitsbedrohungen, die sich aus Kriminalität, Sabotage und Terrorismus ergeben, wird man durch schärfere Kontrolle und Überwachung des Einzelnen begegnen sowie durch wirksameren Einsatz der Zwangskräfte des Staates.

Ein weiteres Problem, dem die Industriegesellschaft gegenübersteht – und das vielleicht sogar noch gravierender ist als die Umwelt- und Rohstoffprobleme –, hängt mit den Arbeitsverhältnissen zusammen. Dabei denke ich nicht in erster Linie an die Probleme der Arbeitslosigkeit im herkömmlichen Sinne. Was mir vorschwebt, sind die langfristigen Folgen der Automatisierung und Robotisierung der Arbeit, die die elektronische Technologie – die Technologie des Computers und Mikroprozessors – nach sich ziehen wird. Wir stehen auf der Schwelle eines neuen Zeitalters der industriellen Revolution. Das Arbeitsquantum, das wirklich von Menschen erledigt wird, dürfte höchstwahrscheinlich drastisch zurückgehen, selbst wenn man von einer ständigen Zunahme der Produktivität ausgeht. Damit dies nicht zu Massenarbeitslosigkeit führt, ist eine gründliche Umorganisation der Arbeitsverhältnisse vonnöten. Wie das in westlichen Gesellschaften, wo die Arbeitsverhältnisse insgesamt auf vertraglichen Abmachungen zwischen Arbeitgebern und Arbeitnehmern beruhen, vor sich gehen soll, kann man sich nur schwer vorstellen. Dieser Wandel scheint vielmehr einen rigorosen Staatseingriff zu verlangen zum Schutz der Rechte des Individuums auf den ihm gebührenden Anteil an den vorhandenen Arbeitsmöglichkeiten und an den Mitteln zur Bewahrung eines befriedigenden Lebensstandards. Hier ist jedoch ein weiterer Aspekt in Betracht zu ziehen: Die Verkürzung der erforderlichen Arbeitszeit bedeutet einen entsprechenden Zuwachs der sogenannten Freizeit. Was wird man mit ihr anfangen? In manchen Fällen wird sie zweifellos zu schöpferischer Tätigkeit, zur Kultivierung von Steckenpferden und zum Studium erbaulicher Wissensgebiete verwendet. In anderen Fällen wird sie gewiß das Gefühl der Entfremdung und der Sinnlosigkeit des Lebens vertiefen, besonders bei denen, deren Hauptvergnügen im Genuß der von einer expandierenden Industrie in immer größerer Fülle hergestellten Konsumgüter liegt. Wird die zweite Gruppe nicht die bei weitem überwiegende Mehrheit sein? Zumindest in der materialistischen Atmosphäre der heutigen Konsumgesellschaft in Europa und den Vereinigten Staaten ist schwer zu sehen, wie es sich anders verhalten könnte. Aber diese Entfremdung des Menschen in der Industriegesellschaft – zuerst von der Natur, dann auch von seiner Arbeit – erzeugt zugleich Unzufriedenheit mit der bestehenden Ordnung der Dinge, verzweifelte Umsturzversuche und Verlangen nach neuen Objekten der Verehrung. In diesen Gefühlen, die bereits allzu erkennbar sind, sehe ich die größten Gefahren für den Zusammenhalt unserer Gesellschaften und die demokratischen Regierungsformen des Westens.

15. Zugegeben, aus meiner Sicht steht der technologischen Industriegesellschaft keine sonderlich strahlende Zukunft bevor. Aber selbst wenn man nicht glaubt, daß dies die Aussichten sind, kann man die Gefahren nicht leugnen. Es ist des rationalen Menschen unwürdig, sich einlullen und von der Sorge um die Zukunft ablenken zu lassen. Auch der Möglichkeit der vollständigen Vernichtung muß man mit Mut und Würde ins Auge sehen. Außerdem ist das Bewußtsein der Gefahren eine Voraussetzung dafür, mit ihnen fertigzuwerden. Ein solches Bewußtsein ist heute vorhanden und nimmt weiter zu. Auf populärer Ebene existiert es in Gestalt verschiedener „Bewegungen“, die gegen die Richtung der Entwicklung protestieren und tastend nach einem neuen Lebensstil und nach Werten suchen, die diesen Lebensstil legitimieren. In artikulierterer Form existiert es im zunehmenden Bewußtsein der Wissenschaftler, daß sie mitverantwortlich sind für den Gebrauch, der von der wissenschaftli-

chen Erkenntnis gemacht wird. Und schließlich existiert es auch in der Form innerer Tendenzen der Wissenschaft selbst zu einem gewandelten Bild des wissenschaftlichen Unterfangens und neuen Typen des Verstehens, die zwar nicht weniger rational sind, aber vielleicht vernünftiger unter dem Gesichtspunkt dessen, was gut ist für den Menschen.

(Ins Deutsche übertragen von Dr. Joachim Schulte)

*AUSWAHLBIBLIOGRAPHIE GEORG HENRIK VON WRIGHT**

1. Der Wahrscheinlichkeitsbegriff in der modernen Erkenntnisphilosophie. In: Theoria 4 (1938), 3 – 20.

2. On Probability. In: Mind 49 (1940), 265 – 283.

3. The Logical Problem of Induction. Helsinki 1941. Acta Philosophica Fennica. Fasc. 3. 258 S.

4. Georg Christoph Lichtenberg als Philosoph. In: Theoria 8 (1942), 201 – 217.

5. Den logiska empirismen. En huvudriktning i modern filosofi. Helsinfors: Söderströms, 1943. 188 S. (Der logische Empirismus. Eine Hauptströmung der Gegenwartsphilosophie.)

6. Über Wahrscheinlichkeit. Eine logische und philosophische Untersuchung. Helsingfors 1945. Acta Societatis Scientiarum Fennica, Nova Series A. Vol. 3, no. 11. 66 S.

7. Hjalmar Neiglicks filosofiska insats. Helsingfors 1946. Societas Scientiarum Fennica. Commentationes Humanarum Litterarum, Vol. 14, no. 2 (1947). 25 S. Mit deutschem Referat, 22 – 25.

---

* Die Auswahl der hier zusammengestellten Werke von Wrights wurde durch den Autor persönlich im Hinblick auf die mutmaßlich vor allem deutschsprachige Leserschaft dieses Beitrags vorgenommen. Ein vollständiges, gleichfalls durch den Autor besorgtes Schrifttumsverzeichnis (Stand: Ende 1987) findet sich in: RECHTSTHEORIE 18 (1987), S. 35 - 75.

8. Form and Content in Logic. An Inaugural Lecture. Delivered on 26 May 1949 in the University of Cambridge. London: Cambridge University Press, 1949. 35 S.
9. A Treatise on Induction and Probability. London: Routledge and Kegan Paul, 1951. International Library of Psychology, Philosophy and Scientific Method. 310 S.
10. An Essay in Modal Logic. Amsterdam: North-Holland Publishing Co., 1951. Studies in Logic and the Foundations of Mathematics 4. 90.S.
11. Deontic Logic. In: Mind 60 (1951), 1 – 15.
12. Tanke och förkunnelse. Helsingfors: Söderströms, 1955, 316 S . (Gedanke und Verkündung. Essays.)
13. Logical Studies. London: Routledge and Kegan Paul, 1957. ix + 195 S. (International Libray of Psychology, Philosophy and Scientific Method).
14. Logik, filosofi och språk. Strömningar och gestalter i modern filosofi. Helsingfors: Söderströms, 1957. 250 S. (Logik, Philosophie und Sprache. Gestalten und Strömungen in der Gegenwartsphilosophie
15. On the Logic of Negation. Helsingfors 1959. Societas Scientiarum Fennica. Commentationes Physico-Mathematicae. Vol. 22, no. 4. 30 S.
16. On Promises. In: Theoria 28 (1962), 277 - 297.
17. Norm and Action. A Logical Inquiry. London: Routledge and Kegan Paul; New York: The Humanities Press, 1963. (International Library of Philosophy and Scientific Method.) xviii + 214 S.
    (Norm und Handlung. Königstein: Scriptor Verlag, 1979. (Monographien, Wissenschaftstheorie und Grundlagenforschung. 10.) 207 S. Ins Deutsche übersetzt von Georg Meggle und Maria Ulkan.)
18. The Varieties of Goodness. London: Routledge and Kegan Paul; New York: The Humanities Press, 1963. (International Library of Philosophy and Scientific Method.) xiv + 222 S.
19. The Logic of Preference. An Essay. Edingburgh: At the University Press, 1963. 68 S.

20. An Essay in Deontic Logic and the General Theory of Action. With a Bibliography of Deontic and Imperative Logic. Amsterdam: North-Holland Publishing Co., 1968. (Acta Philosophica Fennica. Fasc. 21.) 110 S.

21. The Logic of Practical Discourse. In: Contemporary Philosophy, A Survey. Edited by Raymond Klibansky, vol. 1. S. 141 – 167. Florence: La Nuova Italia editrice, 1968.

22. Time, Change and Contradiction. London: Cambridge University Press, 1969. The twenty-second Arthur Stanley Eddington Memorial Lecture, delivered at Cambridge University, 1 November 1968. 32 S.

23. On the Logic and Ontology of Norms. In: Philosophical Logic. Edited by J. W. Davis et al. S. 89 – 107. Dordrecht-Holland: D. Reidel, 1969. (Synthese Library 20.)

24. Die Entstehung des Tractatus Logico-philosophicus. In: Ludwig Wittgenstein, Briefe an Ludwig von Ficker. Aus dem Englischen übersetzt von Walter Methlagl. S. 71 – 110. Salzburg: Otto Müller Verlag, 1969.

25. The Wittgenstein Papers. In: The Pilosophical Review 78 (1969), 483 – 501.

26. Explanation and Understanding. Ithaca, N. Y.: Cornell University Press and London: Routledge and Kegan Paul, 1971. (Cornell Contemporary Philosophy Series/International Library of Philosophy and Scientific Method.) vii + 230 S.
(Erklären und Verstehen. Aus dem Englischen von Günther Grewendorf und Georg Meggle. Frankfurt: Athenäum Fischer Taschenbuch Verlag, 1974. (Fischer Athenäum Taschenbücher. Grundlagenforschung.) 197 S.)

27. Deontic Logic Revisited. In: Rechtstheorie 4 (1973), 37 – 46.

28. Causality and Determinism. New York and London: Columbia University Press, 1974. xxii + 143 S.

29. Determinismus, Wahrheit und Zeitlichkeit, ein Beitrag zum Problem der zukünftigen kontingenten Wahrheiten. In: Studia Leibnitiana 6 (1974), 161 – 178.

30. What Is Humanism? The Lindley Lecture University of Kansas, 19 October 1976. Lawrence, Kansas, 1977. 25 S.

31. Handlung, Norm und Intention. Untersuchungen zur deontischen Logik. Eingeleitet und herausgegeben von Hans Poser. Berlin und New York: Walter de Gruyter, 1977. (De Gruyter Studienbuch: Grundlagen der Kommunikation.) xxix + 158 S.

32. Erwiderungen. In: Neue Versuche über Erklären und Verstehen. Herausgegeben von Karl-Otto Apel et al. S. 264 -302. Frankfurt: Suhrkamp Verlag, 1978.

33. Logica deóntica. Con una Introducción Critica del autor. Valencia 1979. (Cuadernos Teorema 28.) 67 S.

34. The Origin and Composition of Wittgenstein's Investigations. In: Wittgenstein, Sources and Perspectives. Edited by C. G. Luckhardt. S. 138 – 160. Ithaca, NY: Cornell University Press, 1979.

35. The 'Master Argument' of Diodorus. In: Essays in Honour of Jaakko Hintikka. Edited by E. Saarinen et al. S. 297 – 307. Dordrecht-Holland: D. Reidel, 1979. (Synthese Library. 124.)

36. Time, Truth and Necessity. In: Intention & Intentionality. Essays in Honour of G. E. M. Anscombe. Edited by Cora Diamond and Jenny Teichman. S. 237 – 250. Brighton, England: The Harvester Press, 1979.

37. Diachronic and Synchronic Modalities. In: Teorema 9 (1979), 231 – 245.

38. Das menschliche Handeln im Lichte seiner Ursachen und Gründe. In: Handlungstheorien – Interdisziplinär. Vol. 2: Zweiter Halbband. Herausgegeben von Hans Lenk. S. 417 – 430. München: Wilhelm Fink Verlag, 1979. (Kritische Information 63.)

39. The Determinants of Action. In: Reason, Action and Experience. Essays in Honour of Raymond Klibansky. Edited by Helmut Kohlenberger. S. 107 – 119. Hamburg: Felix Meiner Verlag, 1979.

40. O Homem, a Natureza e o Futuro. Encontros Internacionais da Universidade de Brãsilia. 1979. 6 S.

41. Freedom and Determination. Amsterdam: North-Holland Publishing Co., 1980. (Acta Philosophica Fennica, vol. 31. no. 1.) 88 S.

42. Modallogik. In: Handbuch Wissenschaftstheoretischer Begriffe. Vol. 2, S. 433 – 437. Herausgegeben von Josef Speck. Göttingen: Vandenhoeck & Ruprecht, 1980.

43. Logik, deontische. In: Historisches Wörterbuch der Philosophie. Vol. 5, S. 384 – 389. Basel - Stuttgart: Schwabe & Co. AG Verlag, 1980.

44. Problems and Prospects of Deontic Logic. A Survey. In: Modern Logic - A Survey. Edited by Evandro Agazzi. S. 399 – 423. Dordrecht-Holland: D. Reidel, 1981.

45. Explanation and Understanding of Action. In: Revue Internationale de Philosophie 35 (1981), 127 – 142.

46. Wittgenstein. Oxford: Basil Blackwell, 1982. vi + 218 S. (Wittgenstein. Frankfurt am Main: Suhrkamp, 1986. 226 S. Übersetzt von Joachim Schulte.)

47. Musil and Mach. In: Robert Musil, On Mach's Theories, S. 7 – 14. München: Philosophia Verlag, 1982.

48. Practical Reason. Philosophical Papers, Vol. I. Oxford: Basil Blackwell, 1983. x + 214 S.

49. Philosophical Logic. Philosophical Papers, Vol. II. Oxford: Basil Blackwell, 1983. xiii + 143 S.

50. Mein Verhältnis zur deutschen Literatur. Selbstbiographisches Fragment. In: Jahrbuch für finnisch-deutsche Literaturbeziehungen 17 (1983), 15 – 17.

51. Technology and the Legitimation Crisis of Industrial Society. In: Epistemologia 6 (1983), Special Issue, 17 – 27.

52. Bedingungsnormen - ein Prüfstein für die Normenlogik. In: Theorie der Normen. Festgabe für Ota Weinberger zum 65. Geburtstag. Herausgegeben von Werner Krawietz et al. S. 447 – 456. Berlin: Duncker & Humblot, 1984

53. Truth, Knowledge, and Modality. Philosophical Papers, Vol. III. Oxford: Basil Blackwell, 1984. ix + 155 S.

54. A Pilgrim's Progress - Voyage d'un pélerin. In: Philosophes critiques d'eux-mêmes, vol. 12. Edited by A. Mercier and M. Svilar. S. 257 – 294. Bern: Verlag Peter Lang, 1985.

55. Sulla verità delle spiegazioni comprendenti. In: Dilthey e il Pensiero del Novecento. Herausgeben von Franko Bianco. S. 127 - 135. Milano: Franco Angeli, 1985.

56. Probleme des Erklärens und Verstehens von Handlungen. In: Conceptus 19 (1985) Nr. 47, S. 3 – 19.

57. Is and Ought. In: Man, Law, and Modern Forms of Life. Edited by E. Bulygin et al. S. 263 – 281. Dordrecht-Holland: D. Reidel Publishing Co., 1985.

58. Of Human Freedom. In: The Tanner Lectures on Human Values, Vol. VI. Edited by Sterling M. McMurrin. S. 107 – 170. Salt Lake City: University of Utah Press, 1985.

59. Truth, Negation, and Contradiction. In: Synthese 66 (1986), 3 – 14.

60. Rationality: Means and Ends. In: Epistemologia 9 (1986), 57 – 71.

61. Vetenskapen och förnuftet. Ett försök till orientering. Helsingfors: Söderströms, 1986. 154 S. (Wissenschaft und Vernunft. Ein Orientierungsversuch.)

AUTORENVERZEICHNIS

AARNIO, Aulis, Prof. Dr., Finnische Akademie der Wissenschaften, Juristische Fakultät, Universität Helsinki

ERICHSEN, Hans-Uwe, Prof. Dr., Rektor der Westfälischen Wilhelms-Universität. Geschäftsführender Direktor des Kommunalwissenschaftlichen Instituts, Rechtswissenschaftliche Fakultät, Westfälische Wilhelms-Universität Münster

KRAWIETZ, Werner, Prof. Dr. Dr., Lehrstuhl für Rechtssoziologie, Rechts- und Sozialphilosophie, Rechtswissenschaftliche Fakultät, Westfälische Wilhelms-Universität Münster

WRIGHT, Georg Henrik von, Prof. Dr. Dres. h. c., Finnische Akademie der Wissenschaften, Philosophische Fakultät, Universität Helsinki